D0840064

Dossiers et Documents

Collection dirigée par
Anne-Marie Villeneuve

De la même auteure chez Québec Amérique

Jeunesse
SÉRIE CHARLOTTE
La Fabuleuse Entraîneuse, coll. Bilbo, 2007
L'Étonnante Concierge, coll. Bilbo, 2005.
Une drôle de ministre, coll. Bilbo, 2001.
Une bien curieuse factrice, coll. Bilbo, 1999.
La Mystérieuse Bibliothécaire, coll. Bilbo, 1997.
La Nouvelle Maîtresse, coll. Bilbo, 1994.

La Nouvelle Maîtresse, Livre-Disque, 2007

SÉRIE ALEXIS
Alexa Gougougaga, coll. Bilbo, 2005.
Léon Maigrichon, coll. Bilbo, 2000.
Roméo Lebeau, coll. Bilbo, 1999.
Toto la brute, coll. Bilbo, 1998.
Valentine Picotée, coll. Bilbo, 1998.
Marie la chipie, coll. Bilbo, 1997.

SÉRIE MARIE-LUNE
Un hiver de tourmente, coll. Titan, 1998.
Ils dansent dans la tempête, coll. Titan, 1994.
Les grands sapins ne meurent pas, coll. Titan, 1993.

Pour rallumer les étoiles – Partie 2, coll. Titan+, 2009.
Pour rallumer les étoiles – Partie I, coll. Titan+, 2009.
La Grande Quête de Jacob Jobin, Tome 1 – L'Élu, coll. Tous Continents, 2008.
Ta voix dans la nuit, coll. Titan, 2001.
Maïna, Tome II – Au pays de Natak, coll. Titan+, 1997.
Maïna, Tome I – L'Appel des loups, coll. Titan+, 1997.

Adulte
Pour rallumer les étoiles, coll. Tous Continents, 2006.
Le Pari, coll. Tous Continents, 1999.
Marie-Tempête, coll. Tous Continents, 1997.
Maïna, coll. Tous Continents, 1997.
La Bibliothèque des enfants, Des trésors pour les 0 à 9 ans,
    coll. Explorations, 1995.
Du Petit Poucet au Dernier des raisins, coll. Explorations, 1994.

Dominique Demers

AU BONHEUR DE LIRE

Comment donner le
goût de lire à son enfant
de 0 à 8 ans

Catalogage avant publication de Bibliothèque et Archives nationales du Québec et Bibliothèque et Archives Canada

Demers, Dominique
Au bonheur de lire : comment donner le goût de lire à son enfant de 0 à 8 ans
(Dossiers et documents)
ISBN 978-2-7644-0660-1
1. Enfants d'âge préscolaire - Livres et lecture. 2. Enfants - Livres et lecture. 3. Lecture, Goût de la. I. Titre. II. Collection: Dossiers et documents (Éditions Québec Amérique).
Z1037.2.D45 2009   028.5'33   C2008-942224-4

.

 Conseil des Arts **Canada Council**
du Canada **for the Arts**

Nous reconnaissons l'aide financière du gouvernement du Canada par l'entremise du Programme d'aide au développement de l'industrie de l'édition (PADIÉ) pour nos activités d'édition.

Gouvernement du Québec – Programme de crédit d'impôt pour l'édition de livres – Gestion SODEC.

Les Éditions Québec Amérique bénéficient du programme de subvention globale du Conseil des Arts du Canada. Elles tiennent également à remercier la SODEC pour son appui financier.

Québec Amérique
329, rue de la Commune Ouest, 3e étage
Montréal (Québec) Canada H2Y 2E1
Téléphone : 514 499-3000, télécopieur : 514 499-3010

Dépôt légal : 1er trimestre 2009
Bibliothèque nationale du Québec
Bibliothèque nationale du Canada

Mise en pages : Karine Raymond
Révision linguistique : Annie Pronovost et Chantale Landry
Illustration: Fil et Julie
Conception graphique: Célia Provencher-Galarneau

© **2009 Éditions Québec Amérique inc.**
www.quebec-amerique.com

Imprimé au Canada

Dominique Demers

AU BONHEUR DE LIRE

Comment donner le
goût de lire à son enfant
de 0 à 8 ans

QUÉBEC AMÉRIQUE

À *Luc et Marie-Claude,*
pour leur plaisir et celui de Frédérique

Remerciements

Cet ouvrage n'aurait jamais vu le jour si Anne-Marie Villeneuve, mon éditrice, ne m'en avait soufflé l'idée.

Par la suite, j'ai fait appel à de nombreux collaborateurs : libraires, bibliothécaires, enseignants, éditeurs et attachés de presse. Ils ont commenté mes propos, ont répondu à mes nombreuses questions et m'ont fait découvrir de nouveaux livres passionnants. Merci à tous ces amis des enfants et des livres.

J'aimerais remercier chaleureusement les personnes suivantes : les libraires du secteur jeunesse de la librairie Monet – Brigitte Moreau, Alice Liénard, May Sansregret, Suzanne Duchesne et Véronique Bergeron –, Nathalie Tremblay à la librairie Alire, Marie-Pascale Morin, bibliothécaire responsable de la table jeunesse pour les Bibliothèques publiques du Québec, Annie Pronovost et Chantale Landry pour leur magnifique travail de révision, ainsi que l'équipe de Québec Amérique, qui a fait des prouesses pour que cet ouvrage existe, tout particulièrement Anne-Marie Fortin, Sandrine Donkers et Rita Biscotti, sans oublier Célia Provencher-Galarneau, Laurence Jeudy, Mylaine Lemire et William Messier.

Avant-propos

Les livres m'ont souvent sauvé la vie. J'ai traversé plus d'une journée difficile en sachant qu'un roman m'attendait sur ma table de chevet. Les livres m'ont aussi permis de reprendre goût à l'amour, de renouer avec l'espérance, d'apprivoiser la souffrance et de célébrer la vie. Des bouquets de mots cueillis un peu partout dans des contes, des romans et des poèmes m'accompagnent et fleurissent mon existence.

Ma grand-mère m'a fait découvrir la magie de l'histoire racontée, ma mère la musique des mots. Je leur en serai toujours extrêmement reconnaissante. J'ai partagé ces deux grandes joies avec mes trois enfants. À présent, non seulement aiment-ils lire, mais les livres font partie de nos plus beaux souvenirs.

Puisse cet ouvrage aider d'autres enfants et leurs parents à découvrir qu'avec un livre on n'est jamais seul, on est toujours plus grand et tout est toujours possible.

Le goût de lire

Je ne connais pas un seul parent qui ne souhaite pas que son enfant aime lire. Pourtant, **la moitié des Québécois ne lisent jamais ou presque jamais.** Cette triste statistique est confirmée année après année par différentes enquêtes. Comment se fait-il que nous continuions à produire autant de non-lecteurs et de lecteurs récalcitrants ? **Y a-t-il quelque chose que nous faisons de travers ? Que nous ne faisons pas ?** À une époque où nous parvenons à inventer des machines presque miraculeuses, pourquoi échouons-nous à relever le simple défi de faire lire nos enfants ?

Je travaille dans le domaine des livres et je côtoie des enfants depuis plus de 30 ans à titre de maman, d'enseignante, de critique littéraire, de chercheuse universitaire, de directrice littéraire, de conteuse, d'animatrice de télévision, de conférencière, de formatrice, de

scénariste, d'animatrice et d'écrivaine. Ces diverses expériences m'ont convaincue que nous sommes tous remplis de bonnes intentions, mais que nous ne faisons pas
nécessairement ce qu'il faut pour que les enfants aiment
lire. En gros, très souvent, et pour toutes sortes de raisons, nous passons carrément à côté des enfants comme
des livres.

Le pire – le mieux ! – c'est que donner le goût de lire
à un enfant, ce n'est même pas sorcier. **Ce qu'il faut
faire, tout le monde peut le faire**. Ça ne coûte pas très
cher, ce n'est pas du tout douloureux, ce n'est même pas
compliqué et ça ne demande pas beaucoup de temps ni
beaucoup d'énergie. Alors, pourquoi ne le faisons-nous
pas ?

Comme toutes les sociétés industrialisées, nous
avons consacré beaucoup d'énergie au cours du dernier
siècle pour apprendre à lire à tous les enfants. Or nous
découvrons maintenant que savoir lire ne suffit pas.
Pour que l'opération soit efficace, il faut aussi **donner
aux enfants le goût de lire**. Voilà que le mot d'ordre
n'est plus tant l'alphabétisation que la joie de lire. Le
problème, c'est qu'on a beau y croire, on ne peut pas
transmettre ce bonheur de lire si on ne sait pas COM-
MENT s'y prendre. Personne n'a donné aux parents –
ni même aux enseignants – le mode d'emploi.

C'est un peu étrange, quand on y songe. Je connais
plusieurs jeunes parents qui consacrent énormément

d'énergie à enseigner la natation à leur tout-petit. Les cours sont abondants et la clientèle héroïque. À moins vingt degrés, au cœur de janvier, des parents emmitou-flent leur enfant pour l'accompagner à un cours d'aqua-bébé, de petite tortue ou de gentil poisson. Lorsque j'étais moi-même jeune maman, la grande religion, c'était l'alimentation. Avant même d'accoucher de mon premier bébé, j'ai lu le livre de Louise Lambert-Lagacé sur la bonne nutrition des nourrissons et j'ai courageu-sement réduit des tonnes de brocolis en purée pour congeler la mixture dans des bacs de glaçons afin que Simon – puis Alexis et Marie ! – soit nourri convena-blement.

Que d'énergie ! Alors qu'au fond, est-ce bien grave si un tout-petit s'alimente de purées vendues en pot ou s'il n'a pas encore appris à traverser la piscine à cinq ans ? **Si tous les parents consacraient dix minutes par jour, soit à peine plus d'une heure par semaine, à transmettre le goût de lire à leur enfant, on changerait le monde.** Ou presque…

J'ai réuni dans ce livre des vérités toutes simples que j'ai découvertes au fil des ans. Pour réussir à transmettre le goût de lire à un enfant et contribuer à faire de lui un lecteur autonome et épanoui, il faut réévaluer nos priorités, remettre en question plusieurs idées reçues, revoir certaines habitudes, modifier des attitudes et des comportements puis mettre en place les conditions gagnantes. Les secrets que je partage avec vous, je les ai déjà partagés avec de nombreux parents, bibliothécaires et enseignants. Chaque fois, c'est magique!

Vous constaterez rapidement que je n'invente rien. J'ai simplement réuni les leçons tirées de mon expérience, elle-même étant nourrie de l'expérience de nombreuses personnes actives dans ce domaine. J'y ai ajouté le «gros bon sens» que m'a légué mon père pédagogue et la passion des mots que j'ai héritée de ma mère. Pour le reste, j'ai écouté mon cœur. Et les enfants.

POURQUOI FAUDRAIT-IL QUE TOUS LES ENFANTS AIMENT LIRE?

Nous savons qu'aimer lire constitue un atout, mais est-ce *si* nécessaire, est-ce vraiment *si* important? La réponse est OUI! Un gros OUI bien sonnant. C'est même essentiel et urgent.

Pourquoi? N'étant pas très douée en mathématiques, j'aime les chiffres ronds, alors j'ai réuni dix raisons.

Dix bonnes raisons d'aimer lire

1.

QUAND ON AIME LIRE, ON RÉUSSIT MIEUX À L'ÉCOLE.

Les habitudes de lecture demeurent, encore aujourd'hui, le meilleur indicateur de la réussite scolaire. Les enfants qui lisent facilement, fréquemment et de manière autonome performent mieux dans toutes les matières. Rien d'étonnant! Quand on aime lire, on intègre tout naturellement l'orthographe comme les structures grammaticales. On trouve aussi moins pénible d'étudier des pages de notes en géographie ou en biologie. Quand on aime lire, on risque moins de sauter des mots en étudiant un problème de mathématiques et on accumule des trésors de vocabulaire sans effort. Quand on aime lire, on apprend sans même s'en apercevoir à défendre une idée, exposer un problème ou résumer un propos.

Après de nombreuses réformes majeures dans les programmes d'éducation, qui ont coûté des fortunes en temps, en argent et en énergie, nous affichons encore des taux d'échec scolaire alarmants. Nul besoin de commission d'enquête pour comprendre que la tendance risque de se maintenir si la moitié des enfants continuent de ne pas aimer lire.

2.
ON A PLUS QUE JAMAIS BESOIN DE LIRE POUR FONCTIONNER EN SOCIÉTÉ

Ceux pour qui lire est une corvée ont plus que jamais de la difficulté à fonctionner dans leur environnement social. On a cru pendant un temps que la nouvelle société technologique aurait moins besoin de mots, mais c'est tout le contraire qui se produit. Les situations de lecture n'ont jamais été aussi répandues. Il faut lire pour réussir une recette de soufflé ou de pâté, pour assembler un meuble IKEA, pour comprendre un contrat et, bien sûr, pour naviguer sur Internet. Les élèves faibles en lecture grandissent et deviennent des adultes qui éprouvent des difficultés à améliorer leur niveau de connaissances comme de compétences tout au long de leur vie, que ce soit dans leurs loisirs ou au travail.

3.
LIRE REND HEUREUX!

Lire est utile, mais le plus important, le plus merveilleux, c'est que ça rend heureux. Dans notre société hyper technologique, où nous sommes constamment sollicités, bousculés et bombardés par des impératifs multiples, les livres constituent plus que jamais une fabuleuse assurance-bonheur.

La vie est parfois difficile. Les livres m'ont souvent servi de phare dans la nuit. Pendant les périodes les plus creuses de mon existence, j'ai pu me souvenir qu'il suffit d'ouvrir un bon livre pour être transportée ailleurs, embrasser le monde avec un regard neuf, côtoyer des personnages fascinants et puiser, au fil des pages, un peu de folie, de magie ou d'espoir. Aimer lire, c'est réconfortant.

4.

LIRE DÉGÈLE LA CERVELLE

La lecture nourrit, stimule, pique la curiosité, excite l'appétit d'apprendre, la soif de savoir et de comprendre. Avec un livre, on peut revivre l'histoire du monde, apprendre à distinguer Uranus de Vénus, squatter la pensée des grands philosophes, découvrir pourquoi le lait est blanc et même étudier l'origine des dragons.

5.

LIRE REND PLUS LIBRE ET PLUS PUISSANT

Quand on aime lire, on n'est jamais pauvre, jamais seul et on peut toujours voyager. Les livres nous font découvrir qu'on peut changer d'identité, aller au bout du monde, rire, pleurer, frémir, rêver, réfléchir, découvrir, apprendre, espérer, aimer… juste avec un peu d'encre et de papier.

Ils sont non seulement porteurs d'innombrables connaissances, mais ils rassemblent des mots qui ont le pouvoir de peindre le désert, faire surgir des montagnes, endormir les monstres et réveiller les fées.

Les livres nous permettent de tricher avec la vie et la mort en nous accordant autant d'existences qu'on le souhaite. Il suffit de se glisser dans la peau d'un personnage !

6.

LIRE LIBÈRE L'IMAGINAIRE

« Les enfants, pour construire leur liberté, doivent investir l'immensité des rêves », rappelle Henriette Zoughebi, une grande pédagogue, dans *La Littérature dès l'alphabet*.

La télévision et les autres écrans nous concèdent très peu d'espace pour imaginer et rêver. Or l'imaginaire est bien plus qu'un lieu d'évasion. Il nous fournit des outils pour repenser le monde et nous installe dans un espace où le fatalisme est interdit parce que l'éventail des possibles est trop grand. Des explorations fabuleuses sur les ailes d'un livre, on revient enrichi et porteur d'espoirs neufs.

Les livres nous disent que tout est possible. Ce qu'on croyait n'être qu'une roche devient un œuf de dragon. Les cochons peuvent voler et les ours chanter. Des milliers d'histoires naissent d'un simple « si ». Si j'étais une princesse… si mon bébé chat se transformait en tigre… si ma maîtresse était une sorcière…

C'est à grand renfort de rêveries et de songeries qu'on nourrit de petits êtres qui deviendront aussi bien des poètes que des ingénieurs, des inventeurs, de grands gestionnaires et des planificateurs hors pair.

7.

LIRE EST THÉRAPEUTIQUE

Les livres offrent aux enfants une scène, comme au théâtre, pour observer, jouer et comprendre la vie avec ce qu'elle comporte de joie, de peur, d'excitation, de haine, de jalousie, de colère, d'amour, de mensonge.

En présentant aux enfants une grande variété de situations de vie, les livres les aident à mettre un peu d'ordre dans leurs émotions bouillonnantes et à imaginer des solutions à leurs problèmes.

C'est pour cette raison que, lorsqu'un livre tombe pile dans la vie d'un enfant, lorsqu'il exprime ce qu'il ressent profondément de manière vague et confuse, lorsqu'il peint ses rêves ou traduit ses angoisses, l'enfant l'adopte et le réclame soir après soir ou, s'il est plus grand, le relit souvent.

Le drame de Jeannot Lapin

La charge affective des livres est immense. Une histoire qui semble banale aux yeux d'un adulte peut chavirer un tout-petit. Je me souviens encore du soir où mon aîné, Simon, a brusquement éclaté en sanglots alors que je lui racontais une histoire qui me semblait presque insipide. C'était l'histoire d'un petit lapin qui trouve des ciseaux et s'amuse à tailler tout ce qu'il peut, y compris son pelage. De retour à la maison, sa maman ne le reconnaît plus. Il a beau répéter : « C'est moi, ton Jeannot ! », elle ne le croit pas.

Simon m'écoutait, silencieux et parfaitement immobile. Lorsque j'ai levé les yeux vers lui un peu avant la fin du livre (qui finit bien, la maman reconnaît enfin son petit lapin), j'ai découvert que Simon pleurait. De grosses larmes roulaient sur ses joues !

Simon n'était plus Simon. Il était Jeannot Lapin. Il avait ri avec lui, partagé le plaisir coupable de jouer avec les ciseaux et maintenant, il se sentait seul au monde, abandonné par sa maman.

8.
LES LIVRES N'ONT JAMAIS ÉTÉ AUSSI UNIQUES

On a d'abord cru que la télévision et Internet sonneraient la mort du livre. Pourtant, lorsqu'ils sont mis en présence de livres forts, les enfants sont plus que jamais séduits. Dans leur environnement rempli d'écrans, ils constatent rapidement que le livre est unique.

Nos enfants sont constamment bombardés d'images rapides par la télévision, l'ordinateur, les consoles de jeux et d'omniprésents messages publicitaires. Le drame, c'est que tout est réglé au quart de tour. Dans ce contexte, le livre apparaît soudain comme une invention tout à fait extraordinaire. On y voyage à notre rythme en faisant autant de pauses, de bonds en avant et de retours en arrière qu'on le souhaite, sans boutons ni manettes. On peut s'inventer des silences, des parfums, des bruits et dessiner soi-même, secrètement, dans sa tête, une multitude d'images. Rien d'autre aujourd'hui n'est à la fois aussi simple et aussi puissant.

Les témoignages des enfants sont souvent bouleversants. Lorsqu'ils découvrent le bonheur de lire, leur enthousiasme est débordant. Un enfant qui avait lu mes livres m'a déjà supplié d'écrire mon nom sur sa main en me jurant qu'il ne se laverait plus jamais.

J'ai reçu un jour cette lettre d'un petit garçon de huit ans : *Chère Dominique, je suis content que les livres existent.*

9.
LES LIVRES NOUS OUVRENT AU MONDE

L'imagier dépose dans les mains du tout-petit des objets, des plantes, des animaux qu'il n'a pas encore apprivoisés. L'album et le roman accordent aux enfants le pouvoir de quitter leur réalité pour voir le monde avec les yeux d'un personnage évoluant dans un univers totalement différent du leur. Le documentaire propose, aux petits comme aux grands, des peuples, des galaxies, des architectures, des pays, des œuvres d'art, des engins bizarres, des inventions fabuleuses, des territoires étonnants.

Il raconte le passé, explore le présent et rêve l'avenir. Les livres nous ouvrent au monde et nous rendent plus sensibles à des réalités étrangères.

10.

LIRE MÈNE À ÉCRIRE

De nombreux parents encouragent leur enfant à jouer d'un instrument de musique. Qu'ils choisissent de l'initier au piano, à la clarinette, au violon ou à la flûte à bec, la majorité de ces parents ne s'attendent pas à ce que leur fille ou leur fils devienne musicien professionnel. Simplement, ils considèrent que la musique participe à une culture générale et qu'en apprenant à jouer d'un instrument, leur enfant en tirera du plaisir et appréciera davantage la musique en général.

Écrire, c'est comme jouer de la musique. L'école transforme l'écriture en matière académique lourde de règles et de contraintes, mais écrire est aussi un art et un plaisir. Or la lecture mène à l'écriture. C'est en forgeant qu'on devient forgeron ; c'est en écoutant de la musique et en se familiarisant avec un instrument qu'on devient musicien, et c'est en lisant et en écrivant qu'on devient écrivain. Non pas pour en faire un gagne-pain, mais parce qu'écrire est un merveilleux loisir.

Lorsque je les rencontre dans les écoles ou les bibliothèques, j'aime expliquer aux enfants qu'il suffit d'une feuille de papier et d'un crayon pour que tout devienne possible. Ils peuvent devenir quelqu'un d'autre, s'inventer toutes sortes d'aventures, aller au bout du monde…

À vous de décider, maintenant…

Si ces dix raisons vous ont convaincu, vous découvrirez à la page 27 « dix secrets pour aider un enfant à découvrir le bonheur de lire » et, aux pages suivantes, une foule de réflexions, de suggestions et de conseils pour mieux plonger dans l'univers des livres avec votre enfant.

Si vous croyez plutôt que lire constitue une fabuleuse perte de temps, vous trouverez à la page 26 « dix stratégies garanties pour qu'un enfant déteste lire ». Vous pourrez ensuite abandonner l'ouvrage que vous avez entre les mains.

Avertissement : la lecture de ces dix stratégies mérite le détour de toute façon.

Dix stratégies garanties pour qu'un enfant déteste lire

1. Offrez-lui des livres plates.

2. Gardez la télévision toujours allumée.

3. Rangez les livres pour enfants sur les plus hauts rayons de la bibliothèque.

4. Forcez-le à lire même quand il n'en a pas envie.

5. Obligez-le à toujours terminer un livre même s'il ne l'aime pas.

6. Répétez-lui que le livre est bon, un point c'est tout, même s'il l'a détesté.

7. Lorsque vous lisez un livre à un enfant, exigez qu'il reste silencieux et qu'il ne bouge pas d'un poil.

8. Après chaque lecture, posez-lui des questions de compréhension comme à l'école.

9. Dès que votre enfant est trop grouillant, punissez-le en l'envoyant lire dans sa chambre.

10. Si votre enfant n'aime pas lire : PANIQUEZ ! Acharnez-vous ! Rappelez-lui tous les jours qu'il erre totalement et qu'il ne s'en sortira JAMAIS !

PREMIÈRE PARTIE

Dix secrets pour aider
un enfant à découvrir
le bonheur de lire

Secret n° 1
La lecture, c'est comme l'amour!

Tout le monde peut aimer… mais nous n'aimons pas tous la même personne. Vous êtes d'accord? L'homme qui parviendra à me séduire laisserait peut-être ma voisine totalement indifférente. Et tant mieux! Certaines personnes trouvent rapidement le compagnon idéal ou la compagne parfaite, d'autres mettent plus de temps à rencontrer l'âme sœur.

C'est pareil avec les livres. **Tout le monde peut aimer lire. Mais pas le même livre.** Voilà la première règle à retenir. Une foule de malentendus découlent du simple fait qu'on oublie cette vérité. Trop souvent, sans même nous en rendre compte, nous tentons de fabriquer des lecteurs à notre image. L'école y contribue d'ailleurs en valorisant exagérément un certain type de lecture.

Chaque enfant est différent. Il a des goûts différents, une curiosité différente, une sensibilité différente et, souvent, une relation à l'écrit toute particulière. On pense à tort qu'il suffit de connaître l'âge d'un enfant pour trouver un livre qui lui plaît. C'est aussi fou que de vouloir présenter le même homme de 35 ans à toutes les femmes de 35 ans, comme s'il suffisait d'être né la même année pour s'aimer.

Un livre pour un homme de 61 ans

À la sortie de mon tout premier livre, La Bibliothèque des enfants, *de nombreux journalistes me demandaient en entrevue de leur suggérer un bon livre pour une fillette de six ans ou un petit garçon de dix ans. Ils profitaient de ma présence pour trouver un cadeau en vue d'un prochain anniversaire. Un jour, au lieu de répondre, j'ai renvoyé la question à mon interlocuteur : pourrait-il me suggérer un bon livre pour mon père, alors âgé de 61 ans ? Il m'a regardée avec l'air de penser que ma question était totalement loufoque. Alors, je lui ai expliqué que c'était presque aussi loufoque de vouloir trouver LE bon livre pour un petit garçon de dix ans. Dans une classe de cinquième année, les enfants ont beau avoir tous à peu près dix ans, chacun est une planète unique et extraordinaire.*

Revenons à notre métaphore amoureuse. Si vous tentez de trouver une nouvelle copine à votre beau-frère et qu'après lui avoir présenté trois filles très sportives, il n'a toujours pas éprouvé de coup de foudre, vous allez peut-être préférer lui présenter une femme plus intellectuelle ou plus artiste, par exemple. Encore une fois, c'est pareil avec les livres.

Il y a des enfants qui craquent pour les histoires drôles, d'autres pour celles qui donnent des frissons. Certains privilégient l'action, d'autres les émotions. Et beaucoup d'enfants préfèrent la non-fiction, c'est-à-dire des livres qui ne racontent pas d'histoire, des livres pratiques et informatifs sur le sport, les engins ou les dinosaures. Souvent, si on pense qu'on n'aime pas lire, c'est simplement parce qu'on n'est pas encore tombé sur un livre coup de cœur, un livre qui nous émeut, nous excite, nous fait rire, nous trouble ou nous ensoleille.

Le fait que tous les enfants puissent aimer lire est réjouissant. Mais encore faut-il qu'ils dénichent un livre qui va leur plaire. La conclusion est évidente. **Pour que plus d'enfants aiment lire, il faut multiplier les occasions de rencontres et varier les propositions.** Changez de sujet, de genre ou de type de livre quand ça ne fonctionne pas, jusqu'à ce que votre enfant découvre un livre qui l'interpelle.

« Poche » en sport comme dans « nulle » en lecture

J'ai longtemps cru que j'étais « poche » en sport. À l'école, j'étais toujours la dernière à être choisie par les chefs d'équipe. À 17 ans, j'ai quitté ma ville natale pour déménager à Montréal, où j'ai eu accès à une piscine intérieure pour la première fois de ma vie. J'ai commencé à nager quelques fois par semaine, puis quotidiennement, et au bout de quelques mois, je nageais deux kilomètres tous les jours. J'ai alors découvert le jogging, le ski de fond et le vélo de route, des sports que je pratique encore aujourd'hui avec beaucoup de bonheur.

Mes amis disent que j'aurais pu être une vraie athlète. Chose certaine, le sport est devenu une partie très importante de ma vie. Mais pas n'importe quel sport ! Je suis nulle dans **tous** les sports d'équipe. Et l'idée de courir derrière un ballon m'horripile. Mais j'adore les sports individuels et tout particulièrement les sports de plein air. Si je n'avais pas été initiée à d'autres disciplines que les sports d'équipe, j'aurais continué toute ma vie de croire que le sport, ce n'est pas pour moi.

Secret n° 2
Le plus important : des entremetteurs !

J'adore les *bons vivants*, ceux qui savent jouir de la vie.
Mais pour transmettre le goût de lire, il faut surtout des
ponts vivants, c'est-à-dire **des êtres humains qui servent
de pont entre les livres et les enfants.** Des entremetteurs, quoi !

Ce qui fait la différence ? Des gens !

*J'ai été tellement marquée par ma première tournée
d'écrivaine dans les écoles que j'en ai tiré un article qui
a fait la une du magazine L'actualité à l'époque. J'y
racontais comment j'avais été assaillie par des enfants
et des adolescents tellement excités de me rencontrer
que j'avais l'impression d'être une grande vedette. L'en-
gouement des enfants pour les livres qui les touchent est
frappant.*

Dans mon article, je confiais aussi mon étonnement de découvrir combien les écoles différaient l'une de l'autre. Dans certaines, les enfants lisaient beaucoup et dans d'autres, presque pas. On aurait pu penser que le milieu socioéconomique expliquait en grande partie ces disparités. Or ce n'était pas nécessairement le cas. J'avais visité entre autres deux écoles dans le même quartier, la même commission scolaire, le même milieu ethnique, culturel et économique. Dans l'une d'elles, les enfants lisaient très peu et dans l'autre, quelques rues plus loin, les enfants adoraient lire. Qu'est-ce qui faisait qu'avec le même budget, la même clientèle et le même programme, on arrivait à une telle différence de résultat?

Ce qui changeait d'une école à l'autre, c'était les ponts vivants. Dans les écoles où on lisait beaucoup, il y avait quelqu'un – un enseignant, une bibliothécaire ou un parent bénévole – qui faisait toute la différence. Un passionné de livres qui transmettait sa passion et jouait les entremetteurs.

Les parents sont les meilleurs entremetteurs. Et les plus importants. Les enseignants, les directeurs, les parents bénévoles, les responsables des bibliothèques jouent un rôle fondamental, mais le premier adulte qui peut faire une différence, c'est le parent.

La tâche d'un entremetteur est simple. Les bons livres existent. D'ailleurs, même si on cessait d'en publier pendant quelques mois, ce ne serait pas catastrophique. Le drame actuel, c'est qu'il existe tout plein de bons livres d'un côté du pont et, de l'autre, tout plein d'enfants qui n'ont pas encore trouvé leur coup de cœur. Les entremetteurs servent de pont entre les livres et les enfants. Ils travaillent à orchestrer des coups de cœur.

Un entremetteur haltérophile

Ma fille Marie a lu Le Zèbre *d'Alexandre Jardin à 12 ans parce qu'un jour, Pierre, son entraîneur d'haltérophilie, lui en a dit le plus grand bien. Le soir même, Marie a réclamé qu'on fasse un saut à la bibliothèque pour emprunter le roman. Et elle l'a lu de la première à la dernière page. Par la suite, Marie a attendu plusieurs années avant de lire d'autres romans d'Alexandre Jardin. Mais ce qui compte surtout, c'est qu'un adulte important dans sa vie lui avait parlé d'un livre qu'il avait aimé et que cela l'avait marquée. On oublie souvent l'influence qu'on peut avoir sur un enfant.*

Si les ponts qui enjambent les rivières sont en acier, le matériau premier d'un bon pont vivant, c'est la passion. D'où cette vérité fondamentale que vous ne pouvez plus ignorer : **votre première tâche**, la plus essentielle et la plus urgente, **c'est de découvrir ou de redécouvrir**

**vous-même le goût de lire. La meilleure façon de prou-
ver à un enfant que lire rime avec plaisir, c'est de lire
devant lui.**

Or, puisque la moitié des adultes ne lisent jamais ou
presque jamais, il y a une chance sur deux pour que ce
soit votre cas. Ne vous désolez pas ! Ceux qui n'aiment
pas lire et ceux qui ont perdu le goût de lire au fil des
ans deviennent les meilleurs entremetteurs lorsqu'ils
découvrent ou redécouvrent le bonheur de lire, parce
qu'ils peuvent comprendre l'enfant récalcitrant.

Comment découvrir ou redécouvrir le goût de lire à
25, 30 ou 50 ans ? De la même façon que les enfants !
Rappelez-vous le premier secret : la lecture, c'est comme
l'amour ! Vous connaissez peut-être le type d'homme ou
de femme qui vous plaît, mais connaissez-vous votre
personnalité de lecteur ? Savez-vous quels sont les livres
qui vous touchent ? Quels sont ceux qui vous ennuient ?
Êtes-vous un lecteur boulimique, gastronome ou gourmand ? Êtes-vous du genre à diversifier beaucoup vos
lectures ou à rester fidèle à un même genre littéraire ?

Quelles sont vos conditions de lecture gagnantes ?
Le soir ou l'après-midi ? Au salon ou au lit ? En silence
ou sur fond musical ? La lecture, c'est comme l'amour : il
faut lui réserver de l'espace, du temps, de l'importance.
Comment ? Par exemple, **en décidant que la télévision
et l'ordinateur ne seront pas allumés à certaines heures
du jour ou pendant certaines périodes de la semaine.**

Au fil des huit prochains secrets et des autres rubriques, vous trouverez plusieurs idées et conseils pour découvrir ou redécouvrir vous-même le goût de lire. Ne passez pas à côté.

Pas le temps ? Eux non plus !

Un jour, un directeur d'école m'a abordée à la pause, lors d'une journée de conférence où je livrais mes dix secrets. Il m'a gentiment félicitée, mais en ajoutant que l'idée de lire devant les enfants valait pour les enseignants et bien sûr les parents, mais pas pour les directeurs d'école. « Nous, on n'a simplement pas le temps ! » prétendait-il.

Je lui ai répondu qu'à ce compte-là, les enfants non plus. La charge de travail et les responsabilités d'un directeur d'école — comme celles d'un enseignant par ailleurs et, il va sans dire, d'un parent — sont énormes. Ils ont plus de travail qu'ils ne peuvent en abattre et suffisamment de préoccupations pour souffrir d'insomnie. Mais les enfants aussi ont des vies extrêmement bien remplies. Ils doivent aller à l'école, faire leurs devoirs et participer à une foule d'autres activités structurées : cours de natation, de judo, de musique ou de danse, loisirs scientifiques, tournois de hockey. Ils ont beaucoup d'amis et adorent la télévision, le cinéma, les jeux électroniques, les sessions de clavardage sur ordinateur…

« Si vous n'arrivez pas à trouver du temps pour lire, pourquoi les enfants en trouveraient-ils, eux ? » ai-je fait valoir au directeur d'école. Chaque fois qu'un adulte livre implicitement un message du type « faites ce que je vous dis, pas ce que je fais », les enfants ne suivent pas.

Trop occupés… trop pressés… pas le temps… Si nous ne trouvons pas nous-mêmes le temps de lire, les enfants autour de nous risquent fort de ne pas en trouver davantage.

Si vous adorez déjà lire et lisez avec bonheur régulièrement, vous pouvez vous rendre immédiatement au secret numéro 3. Mais vous ratez ainsi de belles suggestions de lecture…

QUELQUES PISTES POUR VOUS AIDER À TOMBER OU RETOMBER AMOUREUX

Votre mission première est donc de trouver ou de retrouver le goût de lire. Tous les lecteurs sont différents, certes, mais il existe des livres très forts qui rejoignent bien des gens. Leur succès n'est pas éphémère. Ils résistent glorieusement à l'épreuve du temps. Chaque libraire a sa petite liste personnelle de ces «classiques contemporains». Et tous les lecteurs gourmands en ont une également. Demandez à vos amis, vos collègues, vos voisins s'ils ont un livre coup de cœur à vous conseiller. Je me suis amusée à tenter l'expérience. Vous pouvez lire les suggestions de mon entourage à la page 46.

Certains de ces livres ne vous plairont pas, c'est normal. Mais l'un d'eux court la chance d'être votre coup de cœur. En discutant avec un libraire ou un autre entremetteur, vous pourrez mieux déterminer lequel de ces livres est le plus susceptible de vous plaire. Lisez la quatrième de couverture (c'est le nom donné au dos du livre), vous aurez ainsi un avant-goût du contenu et, si possible, prenez le temps de parcourir les premières lignes ou la première page pour mieux choisir.

Dix coups de cœur personnels

Parmi les livres qui m'ont ravie, réjouie, émue, captivée, quelques-uns ont été écrits pour les jeunes. Ne les repoussez pas ! Leur succès auprès des adultes a été maintes fois confirmé.

(Note : les titres sont présentés dans l'ordre alphabétique.)

1. Beach music, de Pat Conroy, Albin Michel.

Une brique. Je l'ai lu trois fois. Pour la force de l'histoire comme des personnages. Du même auteur : *Le prince des marées*, dont on a tiré un film.

2. Les Carnets de Jane Somers, de Doris Lessing, Livre de poche.

C'est ce livre qui m'a fait connaître la grande dame nobélisée en 2007. J'en garde encore un souvenir ému.

3. La Cinquième Femme, de Henning Mankell, Seuil.

Mankell m'a fait découvrir que je pouvais apprécier les romans policiers. Depuis, je lis aussi Fred Vargas.

4. Le Dernier Elfe, de Silvana de Mari, Albin Michel.

Un récit d'elfe, de fin du monde et de dragon, premier roman d'un psychothérapeute italien.

5. Les Larmes de l'assassin, d'Anne-Laure Bondoux, Bayard.

Dur, poétique, bouleversant. Écrit pour les jeunes, mais touche davantage les adultes.

6. Le Maître des illusions, de Donna Tartt, Plon.

Le plus sombre de mes romans préférés. Angoissant, saisissant, ensorcelant.

7. *L'Ombre du vent*, de Carlos Ruiz Zafon, Grasset.

Un de ces livres qui nous font oublier qui nous sommes et où nous sommes. Impossible de le résumer. Ne peut laisser quiconque indifférent.

8. *Le Parfum*, de Patrick Süskind, Le livre de poche.

C'est cliché, mais tellement vrai : le livre est bien meilleur que le film !

9. *Soie*, d'Alessandro Baricco, Albin Michel.

La preuve qu'un bon livre n'est pas nécessairement épais. Se lit en une heure de pur plaisir. Exotique et étonnant. Après, vous louerez le DVD.

10. *Le Souffle de l'harmattan*, de Sylvain Trudel, Typo.

Peut-être le roman québécois qui m'a le plus touchée. Beau et prenant.

10b. *Sudie*, de Sara Flanigan, L'école des loisirs.

Un roman pour ados. Après l'avoir lu, Pierre Foglia est tombé sur le dos.

D'accord, j'ai triché...

Dix livres dont vous ne soupçonniez peut-être pas l'existence

Il n'y a pas que les romans dans la vie ! Voici dix ouvrages uniques qui risquent fort de conquérir les lecteurs qui n'ont pas toujours envie de se faire raconter une histoire. Certains de ces livres ont été publiés dans une collection pour jeunes, mais ils ont tout ce qu'il faut pour régaler les grands.

1. *400 voyages de rêve*, collectif, National Geographic.

Un livre magnifique. Pour rêver, découvrir le monde, alimenter des conversations, préparer un voyage. Safaris culturels, croisières inusitées, expéditions casse-cou, treks grandioses, voyages sous terre, randonnées urbaines, périples gourmands...

2. *L'Agenda de l'apprenti illustrateur*, de Claude Lapointe et Sylvie Guindolet, De la Martinière.

Ce faux agenda propose une activité chaque jour de l'année pour expérimenter le métier d'illustrateur. Intelligent, fascinant, amusant et ingénieux. Dans la même collection : *L'Agenda de l'apprenti écrivain*.

3. *Le Catalogue des vœux*, de Catherine Grive et Ronan Badel, Gallimard.

Pour revoir le monde avec des yeux d'enfant. Chaque page propose un vœu illustré. Un exemple ? Le vœu qu'un chercheur découvre que les légumes donnent des caries.

4. *Des Larmes aux rires*. *Les Émotions et les sentiments dans l'art*, de Claire d'Harcourt, Seuil/Le Funambule.

Deux œuvres se rencontrent sur chaque double page : aquarelle et sculpture, huile sur toile et photographie, masque ancien et gravure… Avec des regards, des larmes ou des sourires, elles expriment dans un même élan la joie, la terreur, le chagrin, la vanité, la tendresse…

5. *L'Encyclopédie des cancres, des rebelles et autres génies*, de Jean-Bernard Pouy, Serge Bloch et Anne Blanchard, Gallimard Jeunesse.

De Balzac à Picasso en passant par Einstein et Disney, une galerie de personnages marquants qui ont connu une jeunesse chaotique. Fascinant.

6. *Le Grand Livre des énigmes*, de Fabrice Mazza, illustré par Ivan Sigg, Marabout.

Plus de 200 énigmes, casse-tête, rébus, jeux de logique, devinettes, charades, paradoxes et jeux de mots pour se torturer les méninges seul ou entre amis…

7. *Le Livre des grands contraires philosophiques*, d'Oscar Brenifier, illustré par Jacques Després, Nathan.

Pour réfléchir sur les oppositions universelles qui structurent notre pensée : le fini et l'infini, l'être et le paraître, la raison et la passion… Les illustrations sont saisissantes. Inclassable.

8. *La Morale des elfes*, de Gilbert Keith Chesterton, Mille et une nuits.

Un traité de philosophie en 50 pages pour réapprendre à s'étonner de la beauté du monde.

9. *Nuit d'orage*, de Michèle Lemieux, Seuil Jeunesse.

Un de ces beaux livres qu'on laisse traîner sur une table du salon. Quelques mots seulement. Percutants. Des images monochromes. Inspirantes, fascinantes, émouvantes. Pour réfléchir et rêver, seul ou avec un enfant.

10. *Toute l'histoire du monde de la préhistoire à nos jours*, de Jean-Claude Barreau et Guillaume Bigot, Fayard.

De grands vulgarisateurs nous livrent l'essentiel de l'histoire dans un langage éclairant.

Du vin, des fleurs… un livre !

C'est mon ami Jean-Jules qui m'a incitée à adopter cette délicieuse habitude. Jean-Jules a le génie d'offrir en cadeau des livres qui tombent pile. On oublie souvent qu'un livre constitue toujours une belle surprise. Il faudrait vraiment songer à offrir des livres plus souvent !

Au lieu d'apporter du chocolat, du vin ou des fleurs, j'arrive désormais à un repas d'amis avec un livre sous le bras. Il existe des livres qui touchent à tout coup – ou presque –, même si on ne connaît pas intimement le destinataire. Le Petit Prince dans une belle édition, par exemple. D'autres livres nous permettent de souligner des moments importants dans la vie. Au revoir Blaireau, de Susan Varley, m'a souvent servi à offrir mes condoléances à des êtres chers à l'occasion d'un décès. C'est un album pour enfants, mais si beau, si juste, que tous ceux à qui je l'ai offert ont été touchés, qu'ils soient parents ou pas.

Il existe une foule d'occasions, uniques, joyeuses, festives, à souligner avec un livre.

Trois super idées de livres cadeaux

1. 50 ans, et après ?!, d'Éric Dudan, Timée-Éditions.
Idéal pour souhaiter un joyeux anniversaire à un ami de 45 ans et plus. Il contient 50 portraits d'hommes et de femmes qui ont accompli des merveilles dans la deuxième moitié de leur vie, de Coco Chanel à la Comtesse de Ségur en passant par Clint Eastwood et Gustave Eiffel.

2. *L'Art d'être grand-mère*, de Claude Aubry et Claire Laroche, Horay.

À offrir à l'heureuse mamie ou à consulter en secret. Une foule d'idées d'activités délicieusement vieillottes et formidablement efficaces pour s'amuser avec des enfants.

3. *Ce jour-là sur la terre*, de Rascal, illustré par Neil Desmet, L'école des loisirs.

Pour célébrer une naissance ! De grands drames, de petits miracles, des événements amusants et d'autres stupéfiants se produisent en même temps sur la planète. Le cri triomphant d'un nouveau-né enterre tout le reste.

Dix coups de cœur d'amis et collègues

Comme je vous ai conseillé de le faire, j'ai demandé à des lecteurs dans mon entourage de me suggérer chacun un de ses coups de cœur.

1. *Africa Trek*, de Sonia et Alexandre Poussin, Pocket.
Christiane Gauthier, psychologue

2. *L'Avaleur de sable*, de Stéphane Bourguignon, Québec Amérique.
Marilou Dozois-Prévost, haltérophile

3. *L'Histoire de Pi*, de Yann Martel, XYZ.
Rock Lessard, financier

4. *Le Petit Prince*, d'Antoine de Saint-Exupéry, Gallimard.
   Marie Demers-Marcil, étudiante en communications

5. *Premier de cordée*, de Roger Frison-Roche, J'ai lu.
   Alexis Demers-Marcil, policier

6. *Replay*, de Ken Grimwood, Points.
   Jean-Jules Brault, professeur en génie

7. *La Rêveuse d'Ostende*, d'Eric-Emmanuel Schmitt, Albin Michel.
   Isabelle Gratton, entrepreneure

8. *Se résoudre aux adieux*, de Philippe Besson, Julliard.
   Raymonde Beaudry, bibliothécaire

9. *L'Ultime Alliance*, de Pierre Billon, Seuil.
   Simon Demers-Marcil, professeur d'éducation physique

10. *La Vie devant soi*, de Romain Gary, Gallimard.
    Danielle Vaillancourt, auteure et animatrice

Dix petits trucs pour vous aider à découvrir ou redécouvrir le plaisir de lire

Il existe des moyens tout simples et joyeusement efficaces pour allumer ou raviver le goût de lire. De petits trucs, des stratégies et des astuces faciles à mettre en pratique et agréables à partager.

Truc 1.

Parlez des livres ! Au lieu de discuter de ce qui est arrivé dans un téléroman la veille, demandez à vos amis et collègues s'ils ont lu un bon livre récemment.

Truc 2.

Notez dans un carnet ou sur une feuille de papier glissée dans votre porte-monnaie **les suggestions de lecture qu'on vous fait**. Gardez-les pour votre prochaine visite en librairie ou à la bibliothèque.

Truc 3.

Trouvez une librairie qui vous plaît et **discutez souvent avec les libraires**. Dites-leur ce que vous aimez, demandez-leur des suggestions de lecture et recueillez leurs commentaires sur les livres au palmarès.

Truc 4.

Abonnez-vous à votre bibliothèque publique et fréquentez-la souvent. Profitez de l'aide au lecteur. Renseignez-vous sur les services offerts. Pourquoi ne pas demander une visite guidée, même si vous connaissez un peu l'endroit ?

Truc 5.

Tout le monde a des amis passionnés de ski ou de danse sociale, dégustateurs de vins, amateurs de golf ou joueurs de scrabble. **Trouvez-vous des amis lecteurs.** Organisez un 5 à 7 où chacun partage ses coups de cœur. Mettez vos coups de cœur en commun et organisez des prêts entre vous.

Truc 6.

Prenez l'habitude d'apporter un document de lecture (journal, magazine, roman, bande dessinée, recueil de poésie…) **partout avec vous.** N'oubliez pas le vieux dicton : c'est l'occasion qui fait le larron ! De plus en plus de personnes transforment leurs voyages quotidiens en métro ou en autobus en moment de lecture privilégié. D'autres découvrent qu'un livre constitue un compagnon idéal à l'heure du lunch.

Connaissez-vous la collection « Mille et une nuits » ? Ce sont des centaines de titres offerts en poids plume et format réduit à très bas prix. Des livres d'histoire et de philosophie, des documentaires, des biographies, de grands classiques aussi.

Truc 7.

Élargissez votre champ de recherche pour trouver de nouveaux coups de cœur. Avez-vous déjà fureté du côté des livres de voyage ou des biographies ?

Partez à l'assaut de nouveaux rayons dans une belle grande librairie. Vous y trouverez des livres dont vous ne soupçonniez même pas l'existence. Si vous hésitez à les acheter, vérifiez leur disponibilité à la bibliothèque.

Truc 8.

Créez un cercle littéraire ! Avez-vous déjà songé à vous joindre à un cercle littéraire ? Renseignez-vous auprès de votre bibliothécaire pour savoir s'il en existe un dans votre région. S'il n'y a plus de place disponible – c'est souvent le cas ! –, pourquoi ne pas en créer un nouveau ? C'est simple, facile, stimulant et agréable. En gros, on réunit des lecteurs et des livres et on échange nos impressions, nos critiques, nos coups de cœur et nos coups de pied.

Livre et whisky

J'ai souvent été invitée à intervenir à titre d'auteure dans des cercles de lecture. Les formules sont diverses, le résultat toujours réjouissant. Des gens se réunissent – amis ou pas – pour parler des livres qu'ils ont lus. Dans certains groupes, chacun apporte simplement son dernier coup de cœur et on discute à bâtons rompus. D'autres cercles, plus structurés, établissent un programme de lecture avec un livre, le même pour tous,

tous les mois. Les membres se rencontrent ensuite afin d'échanger leurs commentaires critiques.

Les lecteurs sont souvent de bons vivants. Plusieurs groupes se réunissent autour d'un repas. Chacun reçoit à son tour ou encore les rencontres ont lieu dans un restaurant.

Une foule de variantes amusantes sont imaginables. J'ai visité un cercle de lecture aux Îles-de-la-Madeleine où la rencontre du mois donnait lieu à une dégustation en lien avec le livre choisi. Le roman a pour cadre l'Écosse et le héros est amateur de whisky ? On en discute autour d'une sélection de whiskys. Il est question d'un super soufflé au chocolat au cinquième chapitre ? Alors, on y va avec un soufflé. Joyeusement appétissant !

Truc 9.

Amusez-vous à consulter les critiques et les palmarès dans les journaux, les magazines et les sites Internet. À moins que vous ne préfériez fréquenter un blogue de lecteurs. Mon amie Anne-Marie adore celui-ci : www.lecturesdicietdailleurs.blogspot.com.

Truc 10.

Éteignez le téléviseur et l'ordinateur. Pas pour toujours ! Quelques heures seulement, chaque semaine ou chaque jour. Lire constitue une activité plus exigeante que visionner une émission de télévision ou clavarder devant un écran. En lisant, on n'est jamais passif. Il faut décoder et s'investir un peu. Pour bien des gens, décider de lire, c'est comme décider de faire du sport. Le premier réflexe est de remettre à demain. Ce n'est pas facile de briser une routine ou de changer des habitudes, même quand on sait que ça nous ferait du bien. Pour toutes ces raisons, il faut songer à limiter au moins un peu les heures d'écran.

Les écrans sont-ils trop présents dans la vie des enfants ?

Les jeunes passent-ils trop de temps devant un écran ? Selon une enquête menée par le Réseau Éducation-Médias, nos jeunes passent en moyenne 30 heures par semaine devant un écran de télévision ou d'ordinateur. Les jeux en ligne constituent l'activité préférée des enfants de quatrième année les jours de semaine, et ceux qui ont leur propre ordinateur avec accès Internet y consacrent deux fois plus de temps que ceux qui doivent partager l'ordinateur avec d'autres membres de la famille. Le tiers des sites Internet préférés des jeunes proposent un contenu violent ou à caractère hautement sexuel.

Note : Ces dix petits trucs pour découvrir ou redécouvrir le plaisir de lire sont également efficaces pour les enfants !

Secret n° 3
Méfiez-vous des livres fades

Un livre fade, c'est plus dangereux qu'un livre « cochon ». C'est du moins ce que se plaît à affirmer Mlle Charlotte, une vieille bibliothécaire que j'affectionne beaucoup. Et je suis tout à fait d'accord avec elle.

Les livres pour enfants méritent rarement de faire l'objet de censure. Ce qu'on risque d'y rencontrer de plus choquant est souvent bien naïf si on le compare à ce qu'un enfant peut voir sur un écran de télévision. Les livres pour enfants les plus « cochons » mettent habituellement en scène des porcelets aux fesses bien dodues avec une queue en tire-bouchon.

Les livres fades, par contre, peuvent être extrêmement nocifs. Parce qu'à cinq ans ou à huit ans, souvent, les enfants n'ont pas encore clairement décidé s'ils aiment lire ou pas. Or, **lorsqu'un enfant tombe trois fois de suite sur des livres fades, ni mauvais ni bons,**

il risque de conclure que les livres, ce n'est pas pour lui. Les enfants savent que la télévision et les jeux électroniques les captivent. Alors pourquoi diable perdraient-ils leur temps avec un loisir fade ?

Le contraire de fade…

Dans La Bibliothèque des enfants, *j'ai proposé un répertoire des meilleurs albums pour enfants. J'avais lu quelque 3000 livres illustrés et, à la demande de mon éditeur, je devais en retenir 300. À l'époque, j'enseignais la littérature jeunesse à l'université et j'avais mené des études très sérieuses en littérature et en pédagogie. J'ai donc constitué une grille d'évaluation pour faire ma sélection : tant de points pour la qualité du texte, tant d'autres pour les illustrations, le mariage texte-images, l'originalité du propos, la pertinence, etc. Le tout sur un total de 100 points, parce que je préfère les chiffres ronds.*

Or, à mon grand désespoir, les livres que je préférais obtenaient une note plus faible que d'autres qui me touchaient moins. Un album que j'adorais décrochait un maigre 72 pour cent alors qu'un autre que j'aurais hésité à choisir recevait 90 pour cent. Après des mois de grilles et de réflexions, je n'étais guère avancée dans ma sélection.

Un matin, je suis entrée dans mon bureau – où je conservais alors plus de 2000 albums pour enfants – et j'ai envoyé valser tous les critères pour écouter mon cœur. En moins d'une heure, j'ai sélectionné une centaine d'albums. Je ne pouvais pas nécessairement expliquer pourquoi, mais j'avais envie que tous les enfants du monde se fassent raconter ces histoires-là. Je les aimais d'amour. Passionnément.

Une fois cette première sélection complétée, j'ai examiné la petite montagne de livres sur le sol pour tenter de déterminer ce qu'ils avaient en commun. La réponse s'est imposée rapidement : l'intensité ! Ils étaient tout sauf fades.

S'il s'agissait d'un livre drôle, il était vraiment drôle (comme Le Monstre poilu d'Henriette Bichonnier) ; s'il était censé émouvoir, il touchait profondément (comme Au revoir Blaireau de Susan Varley) ; s'il s'agissait d'une histoire merveilleuse, on avait réellement l'impression de pénétrer dans un autre royaume (comme Les Minuscules de Roald Dahl) ; si c'était une histoire effrayante, on avait peur pour vrai, même si à la fin on était rassuré (comme La Main de la sorcière de Peter Utton).

Pour déclencher les premiers coups de cœur, il faut des livres intenses, parce que les enfants eux-mêmes sont extraordinairement intenses. Avec un livre fade, ils risquent de croire que lire, c'est ennuyeux, et que la télévision, c'est beaucoup mieux.

Lorsqu'un enfant décide que la lecture, ce n'est pas pour lui, il développe rapidement une grande résistance au livre. Faire marche arrière pour lui prouver le contraire s'avère beaucoup plus difficile que lorsqu'il est encore ouvert. Un enfant qui se considère comme un non-lecteur utilise toute sa créativité, toute son intelligence et énormément d'énergie pour traverser le primaire puis le secondaire en lisant le moins possible.

Pour éviter les livres fades, il n'y a qu'une solution : apprendre à sélectionner un bon livre, et surtout, un livre à son goût.

Secret n° 4
Bien choisir, c'est déjà réussir

Quand les livres sont bien sélectionnés, la moitié du défi est déjà relevé. Mais qu'est-ce qu'un bon livre pour enfants ? Outre l'intensité, quels autres critères devrait-on retenir ? Et comment peut-on tenir compte des goûts d'un enfant en particulier ?

DIX PETITS CONSEILS AFIN DE MIEUX CHOISIR UN LIVRE POUR ENFANTS

Au fil des ans, j'ai réuni quelques conseils, fruits de plusieurs expériences intensives de sélection. J'ai d'abord choisi, avec l'aide de mes trois enfants, les 300 albums de la première édition de *La Bibliothèque des enfants*. Puis, j'ai refait l'exercice avec de précieux collaborateurs en vue de la deuxième édition du livre. J'ai ensuite constitué des dizaines de listes de suggestions de lecture pour mes étudiants à l'université qui se destinaient en grande majorité à l'enseignement primaire. J'ai également travaillé avec une équipe de production et de nombreux conseillers à la sélection des 150 livres illustrés que j'ai racontés à la télévision de Radio-Canada dans le cadre de l'émission *Dominique raconte…* Mes conseils sont tout simples, mais ils sont bien concrets et réellement efficaces.

Conseil n° 1
Faites-lui plaisir!

Le meilleur point de départ? L'enfant lui-même. Partez de lui. Faites-lui plaisir! **Aidez-le à explorer ses goûts, à satisfaire sa curiosité. Laissez-le obéir à ses premiers élans.** Tenez compte de ses attirances et de ses coups de cœur spontanés. Si un livre le déçoit, profitez-en pour lui faire remarquer que les livres, c'est un peu comme les gâteaux : les plus alléchants ne sont pas forcément les plus goûteux.

Chaque enfant doit comprendre qu'il est unique. Il a ses propres goûts, différents des vôtres et de ceux de sa sœur ou de ses amis. Apprendre à se découvrir comme lecteur, c'est aussi apprendre à se découvrir tout court. Et accompagner un enfant dans cette aventure, c'est une façon extraordinaire de mieux le connaître.

Plus un enfant grandit, plus sa personnalité s'affirme et plus ses goûts se précisent. C'est plus facile de trouver un livre qui plaira à plusieurs enfants de 5 ans que d'en trouver un capable de rallier autant d'enfants de 12 ans. Mais dans tous les cas, les goûts des enfants constituent de formidables tremplins.

Charles, cinq ans, se passionne pour les poissons. Son préféré, c'est le poisson-ogre. Avec l'aide de son papa, Charles fait des recherches sur Internet pour trouver des livres sur les poissons, qu'il peut ensuite emprunter à la bibliothèque ou recevoir en cadeau. Comme bien des petits garçons, Charles est friand de documentaires. Si j'avais à lui suggérer un livre de fiction pour élargir un peu ses horizons, je lui proposerais *Arc-en-ciel, le plus beau poisson des océans*, de Marcus Pfister, *Allez, hop, Jean-Guy!* de Danielle Vaillancourt et Marie-Claude Favreau et *Léonardo le lionceau* de Lucie Papineau et Marisol Sarrazin.

Mais encore faut-il savoir que ces livres existent. C'est facile pour moi, dont c'est le métier, de trouver des titres précis pour alimenter un enfant. Mais comment faire quand on est un parent et que notre emploi n'a rien à voir avec les livres pour enfants? Il existe bien sûr des bibliographies sélectives, des sites Internet de grandes librairies ou d'organismes divers faisant la promotion de la lecture, qui offrent des banques de suggestions de livres, mais **le plus simple et le plus efficace,**

c'est d'obtenir l'aide d'une personne-ressource com-pétente. Un bon libraire à qui j'aurais parlé de la passion de Charles pour les poissons m'aurait sûrement orientée vers *J'observe les poissons* dans la collection « Mes pre-mières découvertes » chez Gallimard ou encore *Mes pois-sons* dans la collection « Animaux familiers » au Seuil ; il aurait sûrement songé aussi à Léonardo, Arc-en-ciel et Jean-Guy.

Conseil n° 2
N'oubliez pas de vous faire plaisir aussi !

Lorsque vous avez comme projet de lire un livre à haute voix, vos goûts aussi sont importants. **On raconte mieux un livre qu'on aime.** La voix est plus expressive, le ton plus naturel, les dialogues plus convaincants. Le rythme est bon et les pauses s'insèrent plus facilement au meilleur endroit.

Il ne faut pas oublier que l'album est un lieu de ren-contre entre un enfant et un adulte. L'adulte doit être très sensible au plaisir de l'enfant, mais il peut aussi tenir compte de ses propres élans. Vous pouvez ainsi aider un enfant à apprécier un livre qu'il n'aurait pas retenu spontanément. N'oubliez pas que le matériau premier d'un bon pont vivant, c'est la passion.

Conseil nº 3

Empruntez souvent beaucoup de livres, et goûtez-y avant

La meilleure façon de découvrir les livres qu'on aime, c'est d'explorer beaucoup de livres différents. Et le meilleur lieu pour le faire, c'est la bibliothèque publique. On peut goûter rapidement à plusieurs livres avant de choisir ceux qu'on souhaite emprunter. Une fois à la maison, on n'est pas trop déçu si un des livres est moins captivant qu'on l'espérait. Sur les dix livres empruntés, il y en a sûrement au moins un qui nous plaît.

Pensez à une dégustation de vin : on observe, on respire, on déguste lentement une toute petite gorgée. On tente de déterminer si l'appellation, le cépage et le millésime nous plaisent. Avec un livre, ce n'est pas très différent. Après avoir pris connaissance du titre et de la page couverture – dans le cas d'un album, l'image joue bien sûr un rôle primordial –, on peut s'attarder au nom de l'auteur et de l'illustrateur, à la collection, puis à la quatrième de couverture, où un court texte nous donne un avant-goût du contenu du livre. Ainsi, on sent déjà s'il nous plaît ou pas. Partagez cette aventure de découverte avec votre enfant afin qu'il puisse décider lui-même si le livre l'intéresse.

Qu'il s'agisse d'un roman ou d'un livre illustré, pourquoi ne pas prendre le temps de lire les premières lignes, sinon les premiers paragraphes ? **Si, au bout de quelques phrases, vous n'avez pas envie de poursuivre la lecture, à moins que le livre vous ait été chaudement recommandé, abandonnez-le.** Il n'est pas nécessairement dépourvu d'intérêt, mais il en existe d'autres qui vous conviennent mieux.

Et après ? Trichez ! Ouvrez le livre au hasard pour voir un peu plus loin. Votre premier sentiment – d'envie ou d'hésitation – change-t-il ?

Pour bien choisir un livre, il faut pouvoir l'explorer, idéalement avec l'enfant auquel il est destiné. Les réactions spontanées d'un enfant sont précieuses. Est-il attiré par le titre ? Les images ? La page couverture ? La thématique ? Le héros ?

À mesure qu'on améliore nos méthodes de sélection, on tombe de plus en plus souvent sur des livres qui nous plaisent beaucoup. Nos albums préférés, on les relit plusieurs fois et on peut les emprunter à nouveau. Mais il arrive aussi qu'un livre tombe vraiment pile. On a l'impression qu'il a été écrit juste pour nous. On voudrait l'avoir à soi, dans sa chambre, pour y replonger à volonté. C'est chouette alors de pouvoir l'acheter.

Les livres ne coûtent pas cher. Un livre de poche ou un album à couverture souple coûte moins cher qu'un billet de cinéma et à peine plus qu'une boîte de petits gâteaux. C'est vraiment peu si on songe que ce livre sera lu des dizaines de fois. Sans compter qu'on peut ensuite le prêter à un cousin ou le garder pour le petit frère. Les bons livres ne se démodent pas !

Conseil nº 4
Jouez au critique avec votre enfant

Il y a des livres qui nous procurent un grand bonheur, d'autres qui fournissent un simple divertissement et d'autres encore qui nous déçoivent. Encouragez votre enfant à exprimer son opinion. **N'oubliez pas que c'est rassurant de sentir qu'on a le droit de ne pas aimer un livre.**

J'ai inventé un jeu tout simple que mes enfants adoraient : le jeu du critique. Après la lecture d'un album, chacun des trois enfants livrait son appréciation – un mot pouvait suffire ! –, puis nous décidions de ranger le livre dans l'une des trois boîtes préalablement étiquetées. L'une portait la mention « pourri », l'autre « moyen » et la dernière « j'adore ». Le jeu a donné lieu à quelques discussions épiques, mais les livres finissaient par échouer dans une des trois boîtes et les enfants étaient fiers du jugement rendu.

Le procédé peut sembler simpliste et la mention « pourri » risque de faire sourciller, mais cette terminologie franche nous a stimulés. Les enfants prenaient d'ailleurs leur rôle de critiques très au sérieux, et il fallait qu'un livre soit vraiment moche pour atterrir dans la boîte des livres pourris. De nombreux livres ont trouvé refuge dans la boîte du milieu et une véritable jubilation s'emparait de nous lorsqu'un livre était destiné à la boîte « j'adore ».

Mine de rien, les enfants ont ainsi appris que nous avions tous des goûts différents. Ils ont également découvert qu'un livre plate, ce n'est ni rare ni dramatique, et surtout, que tomber sur un livre plate ne signifie aucunement qu'ils n'aiment pas lire ni que la lecture n'est pas un loisir pour eux.

Conseil n° 5
Les catégories d'âge servent seulement d'indice

La plupart des albums illustrés et les courts romans pour lecteurs débutants sont publiés dans des collections ciblées. On mentionne quelque part, le plus souvent sur la quatrième de couverture, que la collection s'adresse à un enfant de 2 à 4 ans ou de 4 à 6 ans.

C'est toujours rassurant de voir la mention « pour les 7 à 9 ans » sur un livre quand on cherche justement un cadeau pour un enfant de huit ans. Mais nous savons que les enfants d'un même âge peuvent être très différents l'un de l'autre. Certains enfants de huit ans lisent des romans de 100 pages alors que d'autres, à dix ans, n'ont jamais encore lu dix pages d'affilée. Et lorsqu'un sujet les passionne, les enfants peuvent réclamer qu'on leur lise un livre beaucoup plus difficile que ce qu'on aurait imaginé.

Les catégories d'âge constituent un piège. D'abord, les éditeurs ne s'entendent même pas entre eux sur ce qui s'adresse à un enfant de cinq ou de huit ans. Il arrive aussi qu'un éditeur évalue qu'un livre plaira aux 3 à 5 ans, puis change d'idée à la deuxième édition, affirmant soudainement que ce même livre s'adresse aux enfants de 4 à 8 ans! **Surtout, ces catégories nous font trop souvent oublier que le plus important, c'est de s'inspirer des goûts de l'enfant.**

L'indication d'une catégorie d'âge donne aux adultes l'impression de tomber pile. On répartit de plus en plus les livres dans des catégories d'âge très étroites. J'ai vu des livres portant la mention «pour les 12 à 18 mois». Qu'est-ce qui change subitement à 20 mois pour que le livre ne soit plus adapté? Comment l'auteur tient-il si parfaitement compte des caractéristiques particulières d'un enfant de 18 mois? **La mention d'une catégorie d'âge devrait servir d'indice de sélection, jamais de critère décisif.**

Conseil n° 6
Les meilleurs livres grandissent avec les enfants

Les meilleurs livres pour enfants refusent de se laisser enfermer dans une catégorie d'âge étroite. Même s'ils ont été conçus pour les 4 à 6 ans, ils devraient intéresser encore les plus grands. Les vrais bons livres peuvent grandir avec les enfants, qui en font, au fil des âges, des lectures différentes. Ils révèlent à six ans des secrets que l'enfant n'avait pas saisis à quatre ans. Et à huit ans, ils se laissent encore apprécier.

En travaillant à la première édition de *La Biblio-thèque des enfants*, j'ai remarqué que j'avais beaucoup de mal à cerner le public cible de mes plus grands coups de cœur. J'ai ainsi compris que les meilleurs livres grandissaient avec les enfants.

C'est le propre des grands classiques, d'ailleurs. *La Belle et la Bête*, ce vieux conte écrit au milieu du 18e siècle par Madame Leprince de Beaumont, captive les enfants à partir de quatre ou cinq ans, mais un adolescent comme un adulte y trouve encore son compte. C'est ce qui explique les nombreuses adaptations littéraires, cinématographiques, théâtrales et télévisuelles de ce récit. La plupart des livres pour la jeunesse qui font l'objet d'adaptations audiovisuelles – et ils sont de plus en plus nombreux ! – dépassent largement leur catégorie d'âge.

L'écrivain Michel Tournier, lauréat de plusieurs prix prestigieux, nous confie dans la préface d'un de ses livres, *Vendredi ou la vie sauvage* :

« J'écris pour tout le monde, mais je n'y parviens pas toujours. Quand je suis au meilleur de ma forme, plein de talent et d'allant, ce que j'écris est si bon, si limpide, si bref que tout le monde peut me lire, même les enfants. […] Quand je réussis moins bien, seuls des adultes, ou même certains adultes (les « intellectuels ») peuvent me lire. »

Je m'amuse souvent à tester un livre auprès d'un public plus âgé avant de le publier. Lire à haute voix *Marie la chipie*, un roman pour les 7 à 10 ans, à des adolescents de deuxième secondaire constitue une belle épreuve. S'ils bâillent, crient ou se lancent des boulettes de papier, c'est que mon manuscrit ne mérite pas encore d'être publié, puisqu'il ne dépasse pas sa catégorie d'âge.

Conseil n° 7
Méfiez-vous des sushis et des sundaes

Depuis qu'elle existe, la littérature pour enfants oscille entre deux pôles : les livres très littéraires à saveur artistique prononcée et les livres très populaires conçus expressément pour plaire. À quelle tendance devrait-on obéir ? Les uns font valoir que pour développer une vision artistique et affiner leurs goûts esthétiques, les enfants doivent être mis en présence de grandes œuvres qui exigent d'eux un effort important. Qu'ils ne comprennent pas ou se sentent dépassés n'est pas grave. Les autres soutiennent que tout ce qui compte, c'est que les enfants lisent, quel que soit le livre choisi. Ils croient aussi que ce qui plaît à un enfant doit sûrement être bon pour lui.

Que doit-on offrir ? Des livres « sundaes » vers lesquels les enfants se ruent spontanément ? Ou des livres « sushis » au goût plus recherché ? Des livres vite digérés ou des livres un peu durs à avaler ? Les deux tendances constituent un piège. **À trop vouloir séduire, on devient bêtement racoleur et on emprisonne les enfants dans un petit monde sans surprise. Mais en offrant aux enfants des livres qui ne les rejoignent pas, on les perd tout simplement.**

Les livres sushis sont souvent applaudis par les critiques et les spécialistes, mais les enfants n'y adhèrent pas. Ils rejoignent davantage les adultes nostalgiques de leur enfance que les enfants bien vivants. Certains sont couronnés de prix prestigieux, mais malheureusement, ces belles distinctions ne leur assurent pas d'éviter le pilon. (De nombreux livres, pour adultes comme pour enfants, ne trouvent pas preneur. Pour éviter de payer les frais d'entreposage, l'éditeur les détruit en les passant au pilon.) C.S. Lewis, auteur des célèbres *Chroniques de Narnia*, une série de romans parus au milieu du dernier siècle et adaptés au cinéma, soutient qu'un livre qui n'est pas apprécié des enfants n'est tout simplement pas un bon livre pour enfants.

Les livres sundaes sont très accrocheurs. Il s'agit parfois de « produits dérivés », c'est-à-dire des livres qui exploitent le héros d'un film ou d'une émission à succès. Dans le cas d'un livre illustré, le dessin est souvent sans originalité et l'histoire tristement prévisible. Ce sont des livres bonbons, des livres récréation. Ils ne sont pas dangereux, mais ils laissent peu de place à l'art comme à l'invention. Les enfants à qui on ne présente rien d'autre risquent de ne jamais découvrir combien un livre peut être puissant.

Un bon livre pour enfants évite ces deux pièges pour viser ce que j'aime appeler **une glorieuse alchimie d'art et d'enfance**. C'est un livre qui tient compte des goûts des enfants, mais ose les mener ailleurs. L'écrivain pour enfants a pour mission d'écrire des livres qui offrent à ses lecteurs la part de récréation qu'ils recherchent, mais également la part de lumière qui devrait éclairer toute œuvre d'art.

Dans *L'Amoureux de ma mère*, Anne Fine, une des grandes dames de la littérature pour la jeunesse, écrit :

« [...] la vie, c'est un truc long et difficile. Et les histoires et les livres, ça aide. Il y en a qui aident pour la vie elle-même, d'autres qui aident juste à faire une petite pause. Les meilleurs aident aux deux à la fois. »

Conseil n° 8
Accompagnez votre enfant en visant à le rendre autonome

Le but ultime n'est pas simplement d'offrir à un enfant un livre qui lui plaît, mais de lui permettre éventuellement de poursuivre seul l'aventure. Il doit sentir qu'il a lui-même accès à une foule de livres intéressants et qu'il est outillé pour les trouver.

Explorez différents types de lectures avec votre enfant, en les nommant. Les notions de fiction et de non-fiction sont faciles à comprendre et très utiles. Il y a des livres qui racontent toutes sortes d'histoires : des histoires qui font rire, qui font peur, qui font rêver ou voyager… Il y a aussi des livres qui informent. Ceux-là parlent des papillons, des robots, des pharaons… On peut aussi préférer une revue ou un livre d'activités.

Lorsqu'un enfant aime un livre, aidez-le à repérer le nom de l'auteur ou de l'illustrateur afin qu'il puisse trouver d'autres livres qu'il court la chance d'affectionner. Dans le cas des documentaires, le nom de la collection mérite d'être retenu afin de vérifier si d'autres titres ne susciteraient pas autant d'intérêt de la part du jeune lecteur.

Pourquoi ne pas chercher un livre sur un sujet précis ? Même s'il ne sait pas encore lire, votre enfant prendra plaisir à vous accompagner dans une recherche sur Internet et bientôt, il se débrouillera mieux que vous. Les enfants sont très habiles devant un écran, mais encore faut-il penser à leur suggérer de l'utiliser à des fins de recherche…

C'est armé d'une liste de titres potentiels qu'on finit par trouver son chemin jusqu'à un coup de cœur dans une librairie ou une bibliothèque. Sinon, on se sent perdu et tous ces rayons bien remplis peuvent paraître plus rebutants qu'attrayants.

Conseil n° 9
Soyez vous-même bien accompagné

Il existe des personnes-ressources – libraire, bibliothécaire, critique littéraire… – et aussi des revues, des guides, des ouvrages bibliographiques qui proposent des sélections de livres pour enfants. Au Québec, la revue *Lurelu* fait la recension des livres québécois pour la jeunesse et Communication-Jeunesse organise différentes activités de promotion du livre.

Plusieurs sites Internet réunissent des suggestions de lecture ou encore des bibliographies thématiques et toutes sortes de précieux renseignements. Ces pages sont produites par des organismes, des éditeurs, des libraires ou même des auteurs. Harry Potter n'est pas le seul personnage à avoir son site personnel. La populaire Noémie, héroïne d'une série de romans pour enfants de l'écrivain Gilles Tibo, accueille elle aussi les jeunes lecteurs sur sa page Web.

On peut consulter différents sites pour noter les récipiendaires des plus grands prix littéraires. Au Canada, les prix littéraires du Gouverneur général – texte et illustration – et le prix Toronto-Dominion sont les plus prestigieux. Aux États-Unis, la médaille Caldecott est accordée annuellement à un illustrateur d'album pour enfants alors qu'en France, le prix Sorcières couronne les meilleurs livres dans six différentes catégories. Au Québec, Communication-Jeunesse récolte les votes des enfants de six à neuf ans pour décerner les prix de la Livromagie ; en France, le prix Tatoulu révèle le choix des écoliers.

Petit carnet d'adresses utiles :

www.lurelu.net
Site de Lurelu, la seule revue québécoise consacrée à la littérature jeunesse.

www.communication-jeunesse.qc.ca
Site de Communication-Jeunesse, un organisme voué au soutien et à la promotion de la littérature québécoise et canadienne-française pour la jeunesse ; particulièrement intéressant pour ses palmarès des livres préférés des jeunes et ses sélections pour les tout-petits.

www.sdm.qc.ca/bibliomanes
Site de promotion de la lecture chez les jeunes conçu par les bibliothécaires professionnels des Services documentaires multi-média ; des suggestions de lecture, des informations, des liens divers sont proposés.

www.lajoieparleslivres.com
Site du Centre national du livre pour enfants en France ; on y trouve des coups de cœur, des bibliographies et des informations.

www.citrouille.net
Site de l'Association des libraires spécialisées jeunesse en France.

www.ricochet-jeunes.org
Site du Centre international d'études en littérature jeunesse. Sélections, critiques, bibliographies, dossiers, informations…

Conseil n° 10
N'oubliez pas qu'un bon livre ne demande qu'à être ouvert.

Une fois ouvert, un bon livre devrait séduire sans aide ni artifices. C'est comme en amour ! S'il faut être fraîchement coiffé ou conduire une voiture décapotable pour plaire à quelqu'un, cette personne ne constitue peut-être pas le partenaire idéal.

J'ai déjà rencontré un auteur fâché contre moi parce que je n'avais pas retenu un de ses livres dans mes sélections. « Les enfants adorent mon livre, soutenait-il. Chaque fois que je les rencontre dans une classe ou à la bibliothèque, au moment de mon départ, ils voudraient tous avoir mon livre en leur possession. »

L'auteur disait vrai. C'était un merveilleux communicateur et un excellent animateur, mais son livre méritait d'être retravaillé. Or les livres devraient être appréciés sans qu'on ait recours à des spectacles ou à des discours pour les aimer. Certains mets sont fades, sans sauce ni garnitures, mais un livre peut être dégusté sans aucun ajout. Certes, diverses activités nous permettent de mieux vivre nos expériences de lecture ; toutefois, le plaisir de lire ne devrait pas en dépendre.

CE QUE VOTRE ENFANT VOUS RÉCLAME SANS QUE VOUS LE SACHIEZ

La quantité phénoménale de livres pour enfants sur le marché complique la sélection. Le quart des livres publiés au Québec s'adressent aux enfants. **Quelque 6000 nouveaux livres pour enfants apparaissent sur le marché annuellement, en français seulement. S'y retrouver n'est pas toujours évident.**

Les parents, comme les professeurs d'ailleurs, n'ont pas le temps de jouer au critique littéraire. Si choisir un livre est une corvée, c'est que vous manquez d'outils ou de repères.

Lorsque j'étais critique de littérature pour enfants, je recevais une quantité incroyable de nouveautés des différentes maisons d'édition. La plupart des éditeurs m'expédiaient pourtant uniquement les livres qu'ils considéraient importants. Après une dizaine d'années à exercer ce métier, j'ai établi une statistique personnelle : sur dix livres que je recevais, un seul méritait d'être retenu pour que j'en fasse la critique.

Les livres qui m'étaient proposés étaient presque toujours de belle qualité. Le plus souvent, par contre, et c'est ce qui m'incitait à les rejeter, ils ne possédaient pas les qualités essentielles pour plaire aux enfants. Pour bien choisir, il faut aussi tenir compte de ce qu'aiment spontanément ou réclament secrètement les enfants.

SEPT PISTES POUR MIEUX TENIR COMPTE DES ENFANTS

Piste n° 1
Un vrai héros

La littérature pour enfants est une littérature à héros. Il s'agit le plus souvent d'un enfant auquel le lecteur peut s'identifier. **Les enfants réclament des héros forts qui les aident à se comprendre, s'exprimer, se reconnaître et se dépasser.**

Un héros fort n'est pas nécessairement puissant. Il peut même se révéler très vulnérable, mais il est efficace, touchant, attachant et inspirant. L'âge du héros sert souvent d'indice pour déterminer le groupe cible auquel un livre s'adresse. Toutefois, les jeunes héros auxquels les enfants adhèrent ne sont pas nécessairement du même âge qu'eux.

Les enfants aiment se reconnaître, mais ils ont également besoin de se projeter dans l'avenir et ils ont hâte de grandir. Ils ont un peu de difficulté à s'attacher à des héros plus jeunes qu'eux, mais ils adorent s'identifier à des personnages plus vieux. À quatre ans, on voudrait déjà être grand et à dix ans, on s'imagine adolescent.

Parmi tous les personnages que j'ai créés, un des plus populaires est sans doute Mlle Charlotte, une vieille dame qui parle à une roche. Pourtant, le livre s'adresse à des enfants de 8 à 12 ans !

Les héros animaux ont la cote. Tout comme les créatures fantastiques – monstres, sorcières et autres personnages imaginaires –, ces héros permettent d'aborder une foule de sujets délicats sans trop ébranler les enfants. Lorsqu'un héros est victime d'événements tragiques, le fait qu'il s'agisse d'un ourson ou d'une guenon crée une distance rassurante. L'enfant se sent moins menacé. Si les personnages d'*Au revoir Blaireau*, ce magnifique album qui raconte la mort d'un ami, étaient des humains, l'histoire passerait plus difficilement. De même, *Moun*, qui aborde l'adoption internationale en mettant en scène un chat siamois, prend toute sa force grâce à la transposition de l'histoire dans l'univers animalier.

Piste n° 2

Une bonne histoire bien racontée

Les meilleurs écrivains pour enfants savent ficeler une histoire qui captive, étonne et tient en haleine. C'est le propre d'un bon récit. On a hâte de savoir ce qui va arriver et pourtant, on souhaiterait que ça ne finisse jamais. **L'auteur nous accroche à la première ligne et ne nous libère qu'à la dernière.**

Les enfants supportent difficilement les longueurs. Les changements de ton et de rythme peuvent participer à la magie d'un récit, mais ils doivent être efficaces. Vous avez sûrement déjà entendu un ami vous assurer que tel roman est bon… à condition d'avoir suffisamment de patience pour le découvrir. « Ça commence vraiment à la page 52, explique-t-il. Avant, franchement, je n'étais pas sûr de vouloir continuer. » Un enfant, lui, aurait abandonné le livre depuis longtemps.

Piste n° 3

Des thèmes qui le touchent

La peur des monstres est un trait psychologique de l'enfance. En effet, peu d'adultes sont angoissés à l'idée qu'une créature hideuse soit cachée sous leur lit. Ces lieux psychologiques fournissent des thèmes très forts que les enfants aiment retrouver dans leurs livres. La recherche d'un ami, la peur de la nuit, la rivalité fraternelle, le plaisir de faire des bêtises appartiennent aux préoccupations traditionnelles de l'enfance.

Une foule d'albums peuvent sembler tout à fait banals aux yeux d'un adulte qui a rompu avec ses propres souvenirs d'enfance. Vus avec un regard d'enfant, ces livres deviennent des chefs-d'œuvre. *Arthur : La Nouille vivante* raconte l'histoire d'un enfant qui devient copain avec… une nouille dans son assiette. C'est génial ! De même, il faut revisiter ses peurs enfantines pour apprécier pleinement un album comme *Il y a un cauchemar dans mon placard*, un classique dans lequel un cauchemar bien vivant se cache pour vrai dans le placard d'une chambre d'enfant, ou *Attends que je t'attrape !*, l'histoire d'un monstre venu d'une autre planète et qui se prépare à attaquer un enfant. La tension dramatique monte et monte jusqu'à ce que… Je n'en dis pas plus !

Nous oublions trop souvent que les enfants n'ont pas le même bagage que nous. Un livre racontant les péripéties d'un souriceau qui s'ennuie ou les démarches d'une grenouille qui cherche ses vrais parents peut sembler terriblement dépassé, mais pour un enfant de cinq ans, c'est délicieusement nouveau.

Piste n° 4
Attention aux textes trop longs !

Les enfants ont une capacité d'attention réduite. Ils ont trop d'énergie à dépenser, trop d'explorations à mener pour rester longtemps arrêtés. Les livres doivent en tenir compte. Et surtout les livres illustrés. À mesure qu'un enfant grandit, sa capacité d'attention prend de l'expansion avec lui.

Dans le cadre de l'émission *Dominique raconte…*, de nombreux beaux albums ont été rejetés parce que les blocs de texte sur chaque page étaient beaucoup trop longs. Un album s'ouvre sur une double page. Pendant que l'adulte lit le texte, l'enfant s'attarde aux illustrations. **Lorsque le texte est trop long, l'enfant se lasse de contempler la même image. Il a besoin de nouveaux ancrages visuels.**

Avec un peu de pratique, vous apprendrez rapidement à reconnaître les albums dont le texte est trop long, tout simplement en les feuilletant. Un des plus grands défis des écrivains pour la jeunesse consiste à construire un récit puissant avec très peu de mots.

Piste n° 5
Des images qui parlent, provoquent, impressionnent…

Les premiers livres dans la vie d'un enfant sont toujours illustrés. Qu'il s'agisse d'albums de fiction, de documentaires, de bandes dessinées ou de livres pratiques, leurs images sont aussi importantes que le texte et souvent davantage. Les illustrations les plus riches touchent les adultes aussi bien que les enfants. **Elles provoquent des**

réactions et nous invitent à les explorer plus d'une fois.

Nous pouvons tous apprendre à diversifier nos goûts, mais chacun de nous est plus sensible à certains types de représentations graphiques. Les enfants prendront plaisir à découvrir leurs goûts. Réaliste ? Impressionniste ? Caricatural ? Épuré ou riche en détails ?

Contrairement à ce qu'on pourrait penser, les enfants manifestent une grande ouverture à différents styles et techniques. Les parents sont parfois plus frileux. N'oublions pas que l'album constitue une belle initiation à l'art pictural, aussi bien en profiter.

Piste n° 6
Secrets bien gardés et vieux classiques

Les livres mis en vedette dans une librairie ne sont pas nécessairement les plus intéressants, ni même ceux qui plairont le plus aux enfants. Consultez votre libraire pour explorer d'autres avenues. A-t-il une suggestion pour une fillette de sept ans qui ne s'intéresse qu'aux livres de princesses ? Ou pour un petit garçon de cinq ans qui réclame toujours les mêmes héros de dessins animés et de jeux vidéo ?

Demandez à votre libraire de vous présenter les livres pour enfants qui l'ont le plus impressionné dans la dernière année. Une autre question chouette : quel livre apporterait-il avec lui s'il devait dépanner une voisine en gardant un enfant de l'âge du vôtre ?

Allez également faire un tour du côté des livres qui ravissaient les enfants il y a 25 ans et qui y parviennent encore aujourd'hui. Des exemples ? *Max et les maximonstres*, *Je vais me sauver !*, *La Cachette*, *Petit-Bleu et Petit-Jaune*, *Les Trois Brigands...* Furetez aussi parmi les contes traditionnels qui font fureur depuis des siècles.

Piste n° 7
Un bon livre mène à un autre

Chaque livre qu'un enfant a aimé peut servir de tremplin vers le prochain. Ceux qui se sont passionnés pour la série Harry Potter se sont ensuite rués vers d'autres romans de type *heroic fantasy*. Des auteurs presque inconnus jusque-là ont connu une gloire soudaine, d'autres ont surfé sur la vague porteuse. Pourquoi ne pas appliquer le même principe à d'autres styles ?

Un livre drôle peut mener à un autre livre drôle. Les enfants qui aiment se faire raconter des histoires humoristiques peuvent s'éclater avec les livres de Tony Ross, Babette Cole, Dominique Jolin, Pef, Robert Munsch, Quentin Blake, Pierrette Dubé, Carole Tremblay... L'auteur, l'illustrateur et la collection fournissent de bons points de départ, les recherches informatisées permettent de compléter la cueillette d'idées et les personnes-ressources habituelles demeurent précieuses.

Les passions d'un enfant servent d'ancrage. Cédric est un fan de hockey ? Lui avez-vous raconté *Le Chandail de hockey*, *Grouille-toi, Nicolas !* et *Ça c'est du hockey* ? Laura la romantique connaît-elle *A.A. aime H.H.*, *Juliette la rate romantique*, *Fanny Dubois est folle de moi !* et *Edmond et Amandine* ?

Un livre a soulevé des questions ? Un autre fournira des réponses. Un livre de fiction peut mener à un ouvrage de non-fiction et vice-versa. Après avoir lu un récit peuplé de dragons et de chevaliers, pourquoi ne pas investiguer du côté des ouvrages sur le Moyen Âge – il en existe de fabuleux adaptés aux jeunes enfants – ou encore partir à la découverte des légendes du roi Arthur ?

Votre fils a un faible pour les monstres et autres créatures extraordinaires ? Les albums de fiction en sont remplis. Mais vous pouvez aussi consulter des ouvrages documentaires inusités : *Les Ogres*, *Dragonologie*, *Le Livre secret des gnomes*, *Le Grand Livre pratique de la sorcière*…

Bien choisir peut paraître une entreprise ardue au début, surtout lorsqu'on essaie de tenir compte de tous les trucs, pistes et conseils en même temps. Vous verrez que ces recommandations sont tellement pleines de gros bon sens qu'après en avoir pris connaissance, on les applique souvent tout naturellement.

N'oubliez surtout pas que bien choisir, c'est déjà réussir. Lorsqu'un livre touche un enfant, le goût de lire s'installe facilement.

Secret n° 5
Une clé magique : les « autres livres »

Revenons à notre premier secret : la lecture, c'est comme l'amour ! Pour trouver l'âme sœur, il faut parfois multiplier les rencontres. Dans les vieux contes, lorsqu'un roi veut marier sa fille, il invite tous les princes des royaumes environnants et si la princesse ne succombe à aucun d'eux, il organise de vastes tournois pour rassembler d'autres prétendants. La perle rare, c'est parfois le centième soupirant. Ou celui dont on avait oublié l'existence. Le fils de la servante, par exemple.

Pour orchestrer un coup de cœur entre un enfant et un livre, il faut multiplier les occasions de rencontre. Si la clé de la lecture, c'est le plaisir, la clé du plaisir, c'est la diversité. **Allez voir du côté des « autres livres ». Ceux dont on oublie l'existence, ceux qui nous forcent à sortir des sentiers battus.**

J'ai eu la chance, au fil des ans, de recueillir des confidences de nombreux adultes, adolescents et enfants lecteurs. C'est toujours touchant de les entendre citer LE livre qui leur a fait découvrir qu'ils pouvaient aimer lire. Pour certains, ça peut être une biographie de Gandhi, pour d'autres, un recueil de nouvelles de science-fiction ou encore l'histoire d'un bébé monstre qui veut se débarrasser de sa sœur.

Peu de parents connaissent la richesse et la diversité des livres disponibles. **Il existe des livres qui ont le pouvoir de séduire chaque enfant, quels que soient ses goûts.** Mais souvent, on ne soupçonne même pas leur existence. Les titres suggérés dans cet ouvrage vous inspireront sûrement et, une fois convaincus qu'il reste un vaste monde de beaux livres à explorer, vous trouverez plus facilement votre chemin jusqu'à eux.

Il y a des récits d'amour, d'humour, d'aventure, des drames psychologiques, des livres interactifs, des récits poétiques et des biographies même dans les albums illustrés. On trouve également de la science-fiction, du fantastique, des livres qui font peur et des énigmes policières. Les bandes dessinées font plus que jamais fureur et les mangas se multiplient.

La production de documentaires n'a jamais été aussi riche et éclatée. Les sujets traditionnels – les dinosaures, les mammifères, les planètes – font encore l'objet de nouveaux ouvrages, mais on élargit les champs d'investigation en publiant des livres plus audacieux. Les enfants peuvent découvrir les grands peintres dans *Petit Musée*, un imagier pour tous où Monet nous présente un arbre, Cézanne, une maison, Picasso, une petite fille... **Des éditeurs s'inspirent des questions des enfants – Pourquoi papy a les cheveux blancs ? Où va la Lune pendant le jour ? – pour concevoir des ouvrages passionnants.** Il existe de magnifiques albums documentaires sur les pirates, la philosophie, les piranhas, la peinture, les pommiers, les pompiers... Et les tout-petits ne sont pas laissés pour compte, car plusieurs collections leur sont spécialement destinées.

Les documentaires du nouveau millénaire allient fiction et non-fiction, humour et poésie, jeux et devinettes. Ils peuvent être servis sous forme de bande dessinée, prendre l'allure d'une boîte à surprises avec des enveloppes à ouvrir, des caches, des transparents et même des objets à manipuler. Chez Gallimard, par exemple, les livres de la collection «J'explore» sont vendus avec une loupe pour mieux observer des bestioles dans l'herbe.

La littérature jeunesse a connu un formidable essor au cours des dernières décennies. En fiction comme en non-fiction, pour les petits comme pour les plus grands, **tous les thèmes et tous les sujets ont été abordés.** Les derniers tabous ont sauté. On parle de sujets comme la violence, la mort, la cruauté et la maladie mentale dans des œuvres de grande qualité, où l'auteur tient compte du développement de l'enfant et de sa sensibilité.

On connaissait depuis longtemps les livres à toucher, et on découvre maintenant des livres à sentir. Dans *Petit Ours Brun sent tout!*, les enfants n'ont qu'à gratter l'image pour humer des parfums d'herbe coupée, de gâteau au chocolat ou de lavande. Les livres animés avec tirettes, cachettes et autres gadgets continuent d'épater avec des techniques d'animation diversifiées. **Des décors en trois dimensions surgissent, des pages s'étirent, des pochettes révèlent toutes sortes de surprises.** Au fil des pages, on peut ouvrir une porte, tirer un rideau, démarrer un camion, décacheter une enveloppe. Un genre nouveau est né : le livre coffre à trésors. À première vue, on dirait simplement un beau livre, mais il s'ouvre pour révéler une foule d'objets dissimulés. Dans *Dragonologie*, un livre de cette facture portant sur les dragons, on retrouve des documents cachés, **des échantillons de peau et d'aile de dragon**, le carnet de notes d'un dragonologue, des devinettes, des énigmes, de la poudre de dragon, un talisman avec un code à déchiffrer, un dragon en coupe et d'autres surprises.

Les genres traditionnels s'apprêtent en sauce hybride : bestiaires abécédaires, **livres de devinettes poétiques**, documentaires animés, imagiers livres d'art, récits chiffriers... Pour les tout-petits, on crée de nouveaux héros adorables en plus de raffiner les formats et la présentation des albums.

Les livres-concepts font fureur. Ces plus-que-livres réunissent un auteur et un illustrateur autour d'un projet inusité, qui mêle allègrement les genres dans un ouvrage original. Dans presque tous les cas, ces albums sollicitent la participation active de l'enfant lecteur, souvent accompagné d'un plus grand. Je me suis amusée à en concevoir un : *Le Merveilleux de A à Z*, aux éditions Imagine. Il ne s'agit pas vraiment d'un abécédaire, ni d'un documentaire, ni d'un livre de fiction, ni d'un livre d'activités. C'est un peu tout ça et bien d'autres choses en même temps.

J'ai eu l'idée de ce livre après avoir été séduite par d'autres livres-concepts. Je pense à l'irremplaçable *Les Mystères de Harris Burdick* de Chris Van Allsburg (l'auteur, entre autres, de *Boréal-Express*, dont on a tiré un film), un livre réunissant **des illustrations coiffées de quelques mots qui servent de déclencheur pour inventer mille histoires.** Je pense également à *Il faut une fleur*, un documentaire poétique de Gianni Rodari, ou à cet autre magnifique album, *Les Cent Plus Belles Devinettes*, qui ravira tout à la fois ceux qui aiment scruter une image pour y débusquer des objets dans la tradition de *Où est Charlie ?* et les amateurs de poésie.

Les livres d'activités et les livres pratiques sont plus beaux et plus inventifs que jamais. Là aussi, on combine joyeusement les genres. La série *Délirons avec Léon!* de Annie Groovie, à La courte échelle, constitue un bel exemple. *Le Grand Livre-jeu des J.O.*, chez Flammarion, présente de nombreuses informations sur les Jeux olympiques en plus de lancer d'amusants défis aux jeunes lecteurs d'images. La collection «Vois-tu ce que je vois?», aux éditions Scholastic, propose une formidable partie de cache-cache dans un album photo. Chaque page prend des allures de boîte à surprises où les enfants sont invités à chercher des objets: un flocon de neige, un lutin, un lacet bleu, une clé dorée...

Les contes traditionnels les plus célèbres, de Perrault, Grimm ou Andersen, existent désormais dans une foule de formats et de présentations, en versions intégrales ou adaptées, avec ou sans CD. Les plus grands artistes sont mis à contribution: Binette Schroeder, Robert Innocenti, Lisbeth Zwerger, Georges Lemoine, Nathalie Novi... et, plus près de nous, Marie-Louise Gay, Michèle Lemieux, Stéphane Jorish, Steve Adams... **On trouve sur le marché des versions de *Cendrillon* comme de *Barbe-Bleue* pour tous les goûts... et tous les budgets!**

Plusieurs ouvrages de non-fiction semblent destinés à réunir un adulte et un enfant devant un même livre. Pour bien comprendre l'information ou pour réussir l'activité, il faut l'aide d'un grand. Ainsi, **La Petite Cuisine des fées propose de vraies recettes inspirées des contes de fées dans un livre divinement illustré.**

Les livres-jeux et les livres d'activités requièrent presque toujours la participation des adultes, alors que les livres à écouter, de plus en plus populaires, sont accessibles à tous les publics.

Tous les goûts sont dans la nature !

Il y a plusieurs années, j'ai vécu une expérience fascinante, qui m'a plus que jamais convaincue de l'importance d'offrir des choix de lecture très diversifiés aux enfants, parce que leurs goûts, comme ceux des plus grands, sont extraordinairement variés.

L'animatrice Claire Lamarche m'avait demandé d'être présidente du jury d'un concours bien particulier. Les jeunes du secondaire et du cégep étaient invités à écrire une lettre à un écrivain qui les avait marqués. L'auteur pouvait être d'ici ou d'ailleurs, mort ou vivant. Il pouvait s'agir d'un philosophe, d'un créateur de bande dessinée, d'un poète, d'un auteur de roman populaire ou d'un écrivain très littéraire. Les meilleurs textes allaient être réunis dans un livre : Lettre à mon écrivain.

Le concours a eu beaucoup de succès et les membres du jury se sont délectés. À la fin, nous avons voulu déterminer quels auteurs avaient été le plus souvent choisis. Les résultats m'ont renversée. Essayez de deviner… À l'époque, J. K. Rowling n'avait pas encore lancé le premier Harry Potter, *mais sinon, les résultats ne sont pas si démodés.*

L'auteur auquel les jeunes avaient le plus souvent écrit était Stephen King. Le maître de l'épouvante. Tous ses livres sont pour le moins... intenses. Et tellement différents des romans de l'écrivaine qui le talonnait : Lucy Maud Montgomery! *L'auteure du très romantique* Anne... La Maison aux pignons verts *et du trop souvent oublié* Émilie de la Nouvelle Lune.

Et le troisième? Personne n'arrive jamais à le deviner... C'est un poète. Un grand tourmenté dont les vers trouvent un écho dans le cœur de nombreux adolescents : Émile Nelligan.

Je me suis souvent surprise à rêver à tous ces jeunes qui avaient participé au concours. Ceux qui avaient écrit à Stephen King avaient des goûts, des sensibilités et une personnalité de lecteur vraiment différents de ceux qui avaient opté pour Lucy Maud Montgomery et Émile Nelligan.

On néglige souvent la poésie... Dans sa lettre à un écrivain, Marie-Eve, 13 ans, confiait : « Jamais de ma courte vie je n'aurais cru les mots si puissants. » Les filles **et** les garçons sont très sensibles à la magie des mots. Les tout-petits adorent les rimes, les textes rythmés, les onomatopées, les répétitions et les bouquets de mots produisant des effets musicaux. Les recueils de comptines – *100 comptines* – et de chansons – *Chansons douces Chansons tendres* – réunies par Henriette Major et accompagnées d'un CD constituent une belle porte d'entrée dans le monde merveilleux de la langue.

En grandissant, les enfants se laissent toucher par la poésie. Ils sont étonnés et émus de découvrir que les mots sont peintres et musiciens. Ils font surgir des paysages et transmettent des émotions par leur simple pouvoir évocateur, comme la musique. Lors de mes tournées dans les écoles, j'ai reçu à plusieurs reprises des confidences de jeunes garçons qui jouaient les durs, mais avouaient avant de s'éclipser qu'ils écrivaient secrètement des poèmes.

COMMENT CHOISIT-ON UN BON DOCUMENTAIRE ?

On ne choisit pas un documentaire comme on achète une boîte de conserve. Le livre contenant le plus de renseignements au meilleur prix ne représente pas forcément le meilleur achat. **On cherche d'abord un livre qui répond à une passion ou une curiosité exprimée par un enfant.** Un livre dans lequel il aura tout de suite envie de plonger.

Si au premier regard l'ouvrage n'est pas invitant, c'est raté. L'art du documentaire imprimé comme celui du documentaire cinématographique ou télévisuel consiste à nous ouvrir de nouvelles fenêtres sur le monde, nous renseigner et idéalement nous faire réfléchir, sans que ce soit pénible.

Les meilleurs documentaires grandissent avec les enfants. Le petit de quatre ans y trouve son compte et le grand de huit ans se régale encore.

Les plus jeunes se contentent d'observer les images, les lecteurs débutants s'attaquent au texte en gros caractères, seuls ou avec l'aide d'un adulte, et les enfants plus autonomes en lecture ont accès aux textes imprimés en caractères plus petits.

Les bons documentaires coûtent parfois cher et la quantité d'ouvrages offerts sur le marché est étourdissante. **On compte quelque 300 collections de documentaires pour la jeunesse, en français seulement.** La bibliothèque publique est donc le lieu d'exploration idéal. Les enfants n'ont pas besoin d'avoir sous la main, à la maison, des ouvrages sur tous les animaux de la création, de l'abeille au zèbre en passant par l'ornithorynque. Mais lorsqu'un enfant est fasciné par les étoiles filantes, le ballet classique ou les plantes carnivores, c'est bon qu'il ait au moins un livre à lui sur le sujet, afin de le consulter et de contempler les images à volonté.

Avant même de savoir lire, les enfants peuvent apprendre à quoi servent l'index, la table des matières et le sommaire et comment les utiliser. Les bons documentaires pour enfants les initient à la recherche. **Si l'ouvrage contient une bibliographie complémentaire ou une liste d'autres titres dans la même collection, explorez-les ensemble.** Ces propositions de lecture sont autant de cavernes d'Ali Baba à fouiller.

La nouvelle génération de documentaires jeunesse se donne pour mission d'exciter la curiosité des enfants, leur donner le goût d'apprendre et les encourager à poursuivre leurs questionnements. Nous sommes dans l'ère du gai savoir, du reportage palpitant, de l'anecdote impressionnante. L'information n'est plus livrée en longs blocs de texte, mais en petites capsules invitantes. **L'idée n'est pas de gaver un enfant de connaissances, mais de le nourrir juste assez pour qu'il ait envie d'aller plus loin, et encore plus loin...** « Il n'existe pas de documentaire idéal, mais le meilleur documentaire doit inciter à prendre un autre livre », écrit Claude-Anne Parmegiani dans *Lectures, livres et bibliothèques pour les enfants.*

Pourquoi s'embarrasser d'ouvrages en papier quand Internet est à deux clics?

Parce que les belles collections de documentaires conçues spécifiquement à l'intention des enfants abordent des sujets qui les captivent dans un langage accessible, tout en proposant une mise en page attrayante, adaptée à leurs besoins comme à leurs capacités. Ce sont des livres appétissants, prêts à être dégustés, délicieux, parfaitement digestibles et bons pour la santé. Le choix des informations comme la façon de les communiquer sont étudiés pour bien rejoindre le public cible. Ils sont abondamment illustrés et présentent un graphisme qui encourage la lecture.

Alors qu'Internet offre une multitude de sites sur un même sujet, le documentaire pour enfants mise sur ce qui est susceptible de les intéresser, ce qui correspond à leurs habiletés de lecture, à leur niveau d'apprentissage et à leurs goûts particuliers. Le danger de se noyer dans une mer d'informations plus ou moins pertinentes est beaucoup moins élevé et le plaisir de lecture davantage au rendez-vous.

Douze super documentaires

(Les premiers titres de la liste sont pour les tout-petits, les derniers pour les plus grands. Chacune des collections offre d'autres titres intéressants.)

1. *Les Contraires*, d'Anne-Sophie Baumann, illustré par Clémentine Collinet, Nathan.
Un livre animé pour mieux voir ce qui est dessous ou derrière, en haut ou en bas, derrière ou devant. Dès 18 mois.

2. *L'Œuf*, de René Mettler, Gallimard.

Des images claires, un choix judicieux d'informations et des pages transparentes à manipuler pour découvrir l'intérieur d'un œuf. Un grand choix de titres dans la même collection. À partir de 3 ans.

3. *Il faut une fleur*, de Gianni Rodari, illustré par Sylvia Bonanni, Rue du monde.

Tout à la fois un imagier, une comptine et un grand livre poétique sur la nature et les cycles de vie. Dès 3 ans.

4. *Les Véhicules automobiles*, d'Emmanuel Chanut, Bertrand Fichou, Stéphanie Janicot, Bayard.

De la voiture au camping-car en passant par l'ambulance et le camion de pompier, ce livre révèle une foule d'informations fascinantes. L'animation permet aux petits curieux de visiter l'intérieur de plusieurs véhicules. Dès 4 ans.

5. *Pirates à bord!*, d'Anne-Sophie Baumann, illustré par R. Saillard et O. Nadel, Nathan.

Même les adultes y font des découvertes et toutes les manipulations – rabats, livrets, pliages, roulettes – sont efficaces. Parfaitement à la portée des 4 ans et plus.

6. *Les Bobos*, de Benoît Delalandre, illustré par Clément Devaux, Larousse.

Une miniencyclopédie géniale sur les bobos, les virus, les bleus, les bosses et autres petits accidents qui ponctuent la vie d'un enfant bien vivant.

7. *La Bernache*, de Sylvie Roberge et Michel Noël, illustré par Claude Thivierge, Dominique et compagnie.

Un des bons titres d'une collection québécoise qui mêle fiction et documentation avec des thématiques sur la faune d'ici et des liens Internet en prime.

8. *Savais-tu? Les Caméléons*, d'Alain M. Bergeron et Michel Quintin, illustré par Sampar, éditions Michel Quintin.

Des informations étonnantes, mais aussi de l'humour, de la fantaisie, des images désopilantes et des bulles. Tous les titres de cette collection captivent les jeunes lecteurs.

9. *Les aliments*, de Charline Zeitoun, illustré par Peter Allen, Mango jeunesse.

En plus des informations percutantes, on y propose des devinettes et des expériences pour découvrir que la chimie alimentaire peut être fascinante.

10. *Mais où est donc Ornicar?*, de Gérald Stehr, illustré par Willi Glasauer, L'école des loisirs.

Une histoire simple et touchante qui « initie aux mystères de la classification des êtres vivants ». Et c'est réussi.

11. *La vie c'est quoi ?*, d'Oscar Brenifier, illustré par Jérôme Ruillier, Nathan.

Pourquoi vit-on ? Pourquoi meurt-on ? Une initiation à la philosophie à partir de questions d'enfants, avec des pistes de réflexion pour tous. Toute la collection est géniale !

12. *Les Dinosaures*, de professeur Génius, Québec Amérique.

Quel dinosaure avait les plus grandes dents ? Le professeur Génius répond simplement et clairement aux questions le plus souvent posées par les enfants en ajoutant des notes, des dessins ou des observations personnelles.

Des lectures qui ne sont pas des livres

Qu'oublie-t-on ? Pensez-y un peu… **On les néglige trop souvent et pourtant, les enfants en raffolent. Les magazines !** *Picoti* a été conçu pour les bébés dès 9 mois, *Popi* pour les petits de 1 à 3 ans et *Toupie* pour les grands de plus de 3 ans ! La plupart des magazines pour enfants proposent un cocktail d'histoires illustrées, de brèves bandes dessinées, de bricolages et de jeux. Les enfants sont heureux de renouer avec les mêmes héros tous les mois… et ils sont particulièrement ravis de trouver quelque chose pour eux dans le courrier.

Le magazine *Petites Histoires* (dès 18 mois) offre une peluche en prime et *Mes premiers j'aime lire*, pour les 6 à 8 ans, un CD de l'histoire en vedette pour accompagner la lecture. Certaines publications proposent un contenu plus documentaire que littéraire. Le magazine québécois *Les Explorateurs*, par exemple, produit par l'équipe des Débrouillards, s'adresse aux jeunes curieux de 6 à 10 ans, à qui il offre des reportages illustrés, des expériences, des histoires, des jeux, des bandes dessinées et des fiches à collectionner. Les passionnés de nature de 3 à 7 ans peuvent aussi jeter leur dévolu sur *Wakou*, de facture plus européenne, tandis que les amateurs de science et d'histoire de 5 à 8 ans préféreront *Youpi*.

Petites mains réunit les jeunes bricoleurs dès 3 ans autour de nombreux projets artistiques ou culinaires. Et ce n'est pas tout ! Connaissez-vous *Pomme d'Api* ? *Toboggan* ? *J'aime lire* ? *Les Belles Histoires* ? Saviez-vous qu'il existe un magazine de filles, *Manon*, pour les jeunes lectrices de six ans et plus ?

Rarement vendus en librairie, les magazines peuvent parfois être consultés à la bibliothèque, mais ils sont surtout disponibles par abonnement. Une recherche par titre sur Internet vous mènera rapidement à bon port. Si vous hésitez entre deux magazines, réclamez un premier exemplaire gratuit pour consultation afin de mieux choisir.

À l'ami qui n'a pas trouvé l'âme sœur après trois rencontres avec des femmes sportives, on suggère spontanément d'investiguer du côté de femmes plus intellectuelles ou artistes. Avec les livres, on applique la même logique. Gageons qu'en cherchant les « autres livres » pour votre enfant, vous aurez soudain envie d'explorer de nouveaux rayons en librairie ou d'effectuer quelques recherches à la bibliothèque avec des mots-clés que nous n'aviez jamais utilisés.

Secret n° 6
Les livres doivent être facilement accessibles

Imaginez un instant que chez vous, pour allumer votre téléviseur, vous deviez quitter la pièce pour atteindre une boîte de contrôle installée dans le vestibule. Et que pour changer de chaîne, vous deviez chaque fois répéter la même opération. **Dans la plupart des maisons, le téléviseur et l'ordinateur – sinon les téléviseurs et les ordinateurs – sont assez aisément accessibles. Les livres le sont beaucoup moins.**

Parce que la télévision est facile d'accès, qu'elle nous réclame peu d'énergie et qu'elle représente un loisir distrayant, au premier moment libre, nous l'allumons. De nombreux adultes qui disent adorer lire développent malgré tout ce réflexe. Il ne faut donc pas être surpris lorsqu'un enfant allume la télévision ou l'ordinateur en franchissant le seuil de la maison.

Il existe de bons livres pour tous les enfants, quels que soient leurs goûts. **Tous les enfants peuvent trouver leur livre coup de cœur sur un rayon quelque part.** Mais ils n'escaladeront pas une montagne à genoux pour l'atteindre. Il faut donc offrir aux enfants une belle sélection de livres pour tous les goûts et **il faut que ces livres soient facilement accessibles.**

Comment peut-on faire le plein de bons livres pour enfants sans trop se compliquer la vie ? En misant sur les quatre lieux suivants : la bibliothèque publique, la bibliothèque scolaire, la librairie et la maison.

À L'ASSAUT DES BIBLIOTHÈQUES PUBLIQUES !

Au Québec, elles sont près d'un millier. Au cours de la dernière décennie, elles ont réussi à rattraper un important retard dans la qualité de leurs services. Les bibliothèques publiques du Québec sont désormais aussi bien garnies de livres que celles de l'Ontario et de la Colombie-Britannique, qui jadis suscitaient leur envie. Mais c'est sans doute un secret bien gardé, puisque plus de 60 pour cent des Québécois ne sont pas abonnés à leur bibliothèque publique, ce qui signifie qu'ils n'y mettent jamais les pieds. Et même si le nombre de livres offerts en proportion de la population est aussi important qu'en Ontario et en Colombie-Britannique, les Québécois empruntent beaucoup moins de documents. Le nombre de prêts par personne est deux fois plus élevé en Colombie-Britannique !

Dix bonnes raisons pour fréquenter les bibliothèques publiques

1.

DES TRÉSORS GRATUITS

Les bibliothèques publiques nous proposent un grand éventail d'ouvrages précieux qu'on ne peut plus trouver en librairie, où une vaste part du fonds est réservée aux nouveautés. Un de mes livres préférés, *Je vais me sauver !* de Margaret Wise Brown, a été épuisé pendant des années. Impossible de l'acheter ! Cette belle histoire a survécu grâce à sa présence en bibliothèque, si bien qu'à la demande générale, l'éditeur a finalement réimprimé le livre.

C'est fou de ne pas profiter des bibliothèques publiques alors même qu'elles sont gratuites, ou presque. Seulement environ 30 pour cent des bibliothèques publiques réclament des frais d'abonnement de quelques dollars annuellement. Sinon, les services sont assumés par les contribuables… qu'ils s'en prévalent ou pas !

2.

L'HEURE DU CONTE

Presque toutes les bibliothèques du Québec convient régulièrement les tout-petits à une heure du conte. À la formule de base – lecture par une animatrice suivie d'un bricolage –, plusieurs bibliothèques ont greffé de joyeuses variantes. Qu'il s'agisse d'activités théâtrales avec décors, costumes, masques, feutrines, marionnettes et accessoires pour « jouer les livres » ou d'intermèdes musicaux avec instruments et chansons, le livre est au cœur de l'activité et le plaisir au rendez-vous. Dans certains milieux, on expérimente des dégustations gastronomiques en lien avec une histoire ; dans d'autres, l'heure du conte mène à la danse ou à d'autres réjouissances.

3.

UNE NAISSANCE, UN LIVRE

Afin d'encourager les parents à fréquenter leur bibliothèque publique dès la naissance de leur enfant, les bibliothèques publiques offrent un programme très chouette : *Une naissance, un livre*. Les parents de nouveau-nés reçoivent ainsi un ensemble-cadeau comprenant un sac de bibliothèque, un livre pour nourrisson offert par les éditions Dominique et compagnie (rien à voir avec moi, il s'agit d'une autre Dominique !), une liste de suggestions de lecture et le magazine *Enfants-Québec* pour papa et maman. Plusieurs bibliothèques bonifient cette trousse de départ avec un CD de comptines, un chèque-cadeau d'une librairie, un jouet ou un article pour bébé. Et c'est gratuit !

4.

DES CLUBS DE LECTURE D'ÉTÉ

À partir de cinq ans, les enfants peuvent s'inscrire à un club de lecture d'été à leur bibliothèque, un programme parrainé par la banque Toronto-Dominion et coordonné par la Bibliothèque nationale du Canada. Pour mieux se plonger le nez dans les livres pendant leurs grandes vacances, les enfants reçoivent une trousse avec un guide, une affiche et des autocollants. De plus, ils sont invités à participer à des animations, des tirages et d'autres festivités.

5.

DE L'AIDE PERSONNALISÉE

Votre enfant est en panne de lecture ? Parlez-en à votre bibliothécaire. Il prendra le temps de discuter un peu avec votre enfant pour découvrir ses goûts, puis partira avec lui à l'aventure parmi les rayons afin de lui faire des suggestions. À la visite suivante, après avoir lu ou consulté les livres recommandés, votre enfant pourra livrer ses commentaires au bibliothécaire, qui parviendra alors à le guider encore mieux. Saviez-vous que vous avez aussi accès gratuitement aux services de consultation de la Bibliothèque nationale du Québec? En effet, la Grande Bibliothèque, à Montréal, a accepté un mandat de référence à distance pour les parents comme pour les enseignants… et les enfants. Il suffit de téléphoner à la bibliothèque (514 873-1101 ou 1 800 363-9028) ou de communiquer avec un bibliothécaire en visitant le portail Jeunes (www.banq.qc.ca/portail_jeunes/livre.jsp) pour obtenir des suggestions de lecture pour votre enfant.

6.
SUGGESTIONS D'ACHATS ET PEB

Vous cherchez un livre bien particulier intitulé, par exemple, *365 blagues*? Vous l'avez vu en librairie, mais il est introuvable à la bibliothèque. Si le document ne fait pas partie de la collection de votre bibliothèque publique, vous pouvez suggérer à votre bibliothécaire d'en faire l'acquisition ou encore faire appel au prêt entre bibliothèques (PEB) afin de l'obtenir d'une autre bibliothèque.

7.
SERVICE DE RÉSERVATION PERSONNALISÉ

Vous voulez emprunter un livre et voilà qu'il est déjà prêté ! Profitez du service de réservation afin qu'on vous avertisse dès que le document sera rendu. Vous serez ainsi assuré d'être le prochain à l'emprunter.

8.

SUGGESTIONS DE LECTURE

Plusieurs bibliothèques publiques affichent des suggestions de lecture, des coups de cœur du personnel, des choix thématiques ou autres listes de titres pour lancer les jeunes lecteurs et leurs parents sur de nouvelles pistes. Ces listes sont précieuses. Informez-vous pour savoir ce qui est disponible. Avez-vous un champ d'intérêt particulier ou un thème précis à investiguer ? Demandez l'aide d'un bibliothécaire ou d'un technicien en documentation. Ils sauront vous suggérer des livres ou du moins vous guider dans votre recherche.

9.

UNE FOULE DE PROGRAMMES SPÉCIAUX

Informez-vous sur les programmes spéciaux offerts par votre bibliothèque publique. De nombreuses bibliothèques publiques lancent des projets innovateurs qui font la joie des enfants. Des programmes d'éveil à la lecture pour les tout-petits à partir d'un an, des activités estivales – tentes de lecture, bibliothèques itinérantes, animations, etc. – dans les parcs ou les camps de jour, des clubs de lecture pour différents âges, des programmes d'incitation à la lecture pour les communautés culturelles, des rencontres d'auteur, des projections…

10.

Des sites à consulter

De plus en plus de bibliothèques publiques s'unissent pour créer des sites Internet destinés à promouvoir la lecture. On y trouve des activités dynamiques, des informations fascinantes et des pistes de lecture attrayantes pour les jeunes. À suivre...

Bien profiter de la bibliothèque municipale

Mon père n'achète JAMAIS de livres. Les libraires vont peut-être me boycotter si je parle de lui, mais tant pis. Mon père fréquente assidûment la bibliothèque de la petite municipalité où il habite. C'est un usager (le mot est un peu moche, mais c'est comme ça qu'on appelle les clients dans une bibliothèque!) exemplaire. Il rapporte ses livres à temps et prend bien soin de tout ce qu'il emprunte. Il n'a pas Internet à la maison. Il estime qu'on perd beaucoup de temps sur le Web lorsqu'il est trop facilement accessible. Mon père effectue donc toutes ses recherches, lit et expédie ses courriels à partir d'un des postes informatiques de la bibliothèque municipale, où il se rend en vélo ou à pied.

Deux ou trois fois par année, mon père explique à la bibliothécaire qu'il souhaite emprunter un livre qui ne fait pas partie de la collection. Il résume en quelques mots pourquoi ce livre est intéressant pour lui comme pour d'autres usagers. La bibliothécaire ne lui a pas encore refusé un seul achat. Et mon père n'est ni maire, ni conseiller municipal, ni capitaine de police.

Un petit truc pour conclure: Affichez l'horaire de la bibliothèque municipale sur le frigo. Si possible, intégrez l'activité « visite à la bibliothèque » à votre routine hebdomadaire. Sinon, invitez votre enfant à vous y accompagner quand vous avez un petit moment de libre ou lorsque vous avez des courses à faire dans les environs. Si vous passez devant la bibliothèque quand vous êtes seul, profitez-en pour retourner les livres empruntés et même en cueillir de nouveaux. En panne d'idées? Relisez les pages précédentes...

MIEUX PROFITER DE LA BIBLIOTHÈQUE SCOLAIRE

Au cours des dernières années, j'ai décrié à plusieurs reprises la pauvreté des bibliothèques scolaires. La situation s'est un peu améliorée, mais la majorité des bibliothèques d'écoles primaires manquent encore cruellement de livres, sinon de personnel pour les sélectionner, les prêter et faire des animations pour les promouvoir. Malgré cela, les bibliothèques scolaires demeurent un endroit important où les enfants ont accès à des livres qui leur sont destinés. De plus, ils n'ont pas à faire de détour, puisqu'ils sont déjà sur les lieux tous les jours.

En fréquentant la bibliothèque municipale avec votre enfant, vous l'aiderez à mieux se débrouiller lors de ses visites à la bibliothèque de l'école. Informez-vous de ce qu'il a emprunté récemment et aidez-le si vous le pouvez. La majorité des bibliothèques scolaires dépendent du bénévolat des parents. Si la littérature pour enfants vous passionne et que votre horaire vous le permet, peut-être prendrez-vous plaisir à donner quelques heures de votre temps.

Les enseignants ont pour mandat de promouvoir la lecture en tant que loisir. Malheureusement, faute de personnel, les bibliothèques scolaires sont souvent fermées au moment où les enfants sont justement en période de loisir : à l'heure du lunch, pendant les récréations, avant et après les heures de classe. Dans les milieux les plus dynamiques, on a trouvé des solutions : les enfants sont mis à contribution ! Ils travaillent au comptoir du prêt à l'heure du lunch sous la supervision d'un adulte. En échange, ils sont les premiers à avoir accès aux nouveautés, ils participent aux achats et on leur offre un repas pizza à Noël et en fin d'année.

Interdit de toucher !

Quand j'étais petite, la bibliothécaire de notre école était une vieille religieuse acariâtre (désolée, mais c'est la vérité). Nous détestions la période de bibliothèque. La bibliothécaire nous obligeait à circuler parmi les rayons avec les mains derrière le dos. Nous avions la permission de toucher à trois livres pendant le temps qui nous était alloué. Pas un de plus !

Il fallait se casser le cou pour lire le titre du livre et, sans plus d'indices, décider si on le retirait du rayon pour le feuilleter sous le regard sévère de la vieille religieuse. Elle s'amusait par ailleurs à choisir secrètement quelques élèves pour mieux nous épier. Si, par malheur, l'un de nous tripotait plus de trois livres pendant la demi-heure, il avait droit à un sermon et à l'expulsion.

DE BELLES FLÂNERIES EN LIBRAIRIE

Les librairies sont plus belles, plus grandes et plus nombreuses qu'avant. Elles sont aussi mieux garnies et offrent souvent des heures d'ouverture très étendues. Toutefois, les rayons jeunesse sont parfois envahis par trop de jouets et de gadgets, ce qui diminue l'espace pour bien mettre en valeur de magnifiques albums. Ils n'en recèlent pas moins quantité de trésors à découvrir absolument.

Il n'y a pas si longtemps, les « lecteurs des villes » avaient accès à une librairie, mais pas les « lecteurs des champs », qui devaient se contenter d'une tabagie. À présent, grâce à Internet, tous les citoyens, en ville comme en région, peuvent se procurer facilement des milliers de livres. Plus besoin de se déplacer, on peut faire tous nos achats en ligne. Le livre remporte d'ailleurs la palme des objets vendus sur Internet. Aux États-Unis, Amazon, spécialiste de la vente de livres à distance, est le deuxième plus gros détaillant sur Internet, toutes catégories confondues.

Les bouquineurs québécois peuvent faire leurs achats en ligne auprès de ce géant, mais également auprès de chaînes comme Renaud-Bray, Archambault et Chapters Indigo. Plusieurs librairies indépendantes du Québec offrent également des services d'achat en ligne. Les grandes librairies avec plusieurs succursales réparties dans la province proposent un vaste catalogue en ligne facile à consulter, mais aussi des coups de cœur, des palmarès de livres jeunesse, des sélections thématiques pour enfants, des critiques, des liens divers et parfois même des clubs de lecture. Certaines librairies indépendantes ont, elles aussi, pignon sur l'autoroute électronique avec leur propre site. Quelque 80 librairies partagent un site commun (www.livresquebecois.com) grâce à un regroupement des librairies indépendantes du Québec.

Plusieurs librairies offrent un service de consultation en ligne ou même téléphonique. Une vraie voix, c'est chouette, parfois ! On peut habiter à des centaines de kilomètres et en profiter quand même. Dix chiffres à composer et vous avez au bout du fil un libraire spécialisé dans les collections pour la jeunesse capable de répondre à vos questions et de vous aider à orienter votre enfant vers un prochain coup de cœur. Les librairies misent beaucoup sur l'impact d'un service personnalisé avec un libraire-conseil, même à distance.

Le mieux, malgré tout, c'est de flâner en famille dans une belle librairie. Malheureusement, ce délicieux passe-temps culturel n'est pas encore véritablement entré dans nos mœurs. Les librairies méritent d'être mieux connues. À preuve, à la fin d'une rencontre avec des jeunes de sixième année dans une école en banlieue de Montréal, un enfant m'a déjà demandé : « Dominique, sais-tu **où** je pourrais l'acheter, ton livre ? » La question m'a troublée car, visiblement, cet enfant ne savait vraiment pas où aller.

Je connaissais le nom de la librairie la plus près. Mais au lieu de le lui donner, je me suis adressée à toute la classe (des élèves très gentils ne présentant apparemment aucune difficulté de comportement ou d'apprentissage) : « Qui sait où il pourrait acheter ce livre ? » ai-je demandé. Il y a eu un long moment de silence. Puis, un élève a proposé : Zellers. Un autre a ajouté : Costco. Et un troisième… Wal-Mart !

Comment expliquer cette méconnaissance flagrante ? Il faut que la fréquentation des librairies – comme des bibliothèques, d'ailleurs – fasse partie intégrante de nos activités si l'on veut construire une véritable société de lecteurs. On entend souvent dire que les livres coûtent cher. Les librairies, parfois, mettent davantage en vedette les livres à couverture rigide ou les éditions de luxe. Mais **il existe des collections très économiques.** Ainsi, par exemple, de nombreux albums pour enfants qui ont abondamment fait leurs preuves sont disponibles à la fois en grand format, avec couverture rigide, et en format plus petit à couverture souple pour la moitié du prix. Les meilleurs vendeurs existent parfois aussi en format miniature à tout petit prix.

Songez également à fréquenter les librairies d'occasion. Faute d'espace à mon domicile, j'ai abandonné dans ces lieux des livres que j'aimais beaucoup en espérant qu'ils feraient des heureux. La librairie d'occasion n'est pas le meilleur endroit pour chercher un titre précis, mais on peut y faire de belles trouvailles et parfois même dénicher le dernier roman à succès à moitié prix.

Soyez échangistes ! Des groupes d'amis échangent systématiquement leurs DVD. Pourquoi ne pas faire de même avec les livres pour enfants ? Lorsqu'un livre acheté a fait ses preuves, mais aussi son temps, pourquoi ne pas l'échanger ? Imaginons trois familles dans un périmètre rapproché. Les enfants fréquentent la même école et sont peut-être aussi amis. Si chaque famille achète un livre par mois et le prête à une autre famille, chaque famille a accès, pour une dizaine de dollars seulement, à trois nouveautés par mois. Pas mal, non ?

À LA MAISON : UN COIN LECTURE ET DES LIVRES JUSTE À MOI !

Songez d'abord à organiser une petite bibliothèque à la maison et consacrez un espace ou quelques rayons à des livres destinés aux enfants. De nombreux enfants n'ont jamais eu un livre à eux. Si votre enfant possède déjà une minicollection de livres personnels, c'est déjà merveilleux.

Pour améliorer l'accessibilité au livre à la maison, il n'est pas nécessaire de défoncer des murs ni de dépenser des fortunes. Voici quelques idées faciles à exploiter…

Sept idées pour rendre les livres facilement accessibles à la maison

Idée n° 1

La bibliothèque familiale peut très bien accueillir des livres empruntés à la bibliothèque municipale. Ça crée une bibliothèque vivante où les livres bougent beaucoup. Saviez-vous qu'on peut emprunter jusqu'à 25 livres à la fois dans certaines bibliothèques ?

Idée n° 2

La plupart des familles allouent une somme hebdomadaire à la location de films ou de jeux vidéo. Pourquoi ne pas accorder le même montant à l'achat de livres ? À la fin du mois, vous pourrez facilement acquérir au moins un bel album ou deux petits romans.

Le fait d'avoir des livres à soi est important. On développe une relation plus intime avec ces livres et on peut les délaisser pendant plusieurs semaines pour les redécouvrir ensuite.

Idée n° 3

Quelques rayons d'une bibliothèque c'est bien, mais un véritable coin lecture, c'est encore mieux. Les enfants disposent presque tous d'un coin télé : un endroit où il y a un téléviseur et des sièges confortables installés à distance raisonnable. Même chose pour l'ordinateur, qui est habituellement placé sur une table devant laquelle on peut s'asseoir pour bien voir l'écran tout en ayant accès au clavier. Les livres ont-ils droit au même traitement ? Sont-ils réunis dans un lieu où il fait bon lire et où on est bien installé pour se faire raconter une histoire ? Il suffit parfois de quelques gros coussins dans un salon pour aménager un coin lecture. Si on ajoute un doudou et un toutou mascotte pour les plus jeunes, le coin lecture prend des airs de paradis.

Idée n° 4

La chambre d'un enfant, c'est son petit royaume. Un simple caisson contenant quelques livres permet de créer un espace bibliothèque. Tous les parents devraient souhaiter que leur enfant lise en cachette dans son lit. Lorsqu'il a peur, lorsqu'il se sent seul, lorsqu'il est trop fébrile ou trop préoccupé pour dormir, un enfant peut trouver du réconfort dans un livre. C'est cent fois plus efficace qu'un écran d'ordinateur pour apprivoiser le sommeil.

Idée n° 5

À l'unique bibliothèque familiale, on peut préférer plusieurs petits dépôts de livres. Mais le mieux, c'est de s'offrir les deux ! Il suffit d'un panier ou d'une tablette dans différentes pièces de la maison pour que l'habitude de lire s'inscrive plus facilement dans les mœurs familiales. Accessibilité rime avec proximité ! On peut lire à l'heure du bain, sur le petit pot, dans la cuisine pendant que papa ou maman prépare le repas…

Idée n° 6

Exposez un ou plusieurs livres à plat dans le coin de lecture de manière qu'on en voit bien la couverture. Changez souvent les livres exposés. C'est magique, vous verrez.

Idée n° 7

Laissez traîner des magazines à quelques endroits stratégiques. On peut ainsi profiter de très courts moments de lecture. Les enfants doivent apprendre à ramasser leurs jouets et leurs chaussettes, mais la loi du rangement peut accorder une exception au matériel de lecture.

Un cinquième lieu en prime !

« L'essayer, c'est l'adopter », comme disent les agents de publicité. Conjuguer la lecture au quotidien n'est pas un fardeau : c'est un cadeau. On découvre soudain qu'il n'existe plus de temps morts ou de moments moches dans la journée. Les périodes d'attente se transforment en heures ou en minutes de relaxation et de plaisir.

Il existe un cinquième lieu à investir : partout ! Ne partez jamais sans apporter un livre que vous pourrez lire à votre enfant ou explorer avec lui. Certains livres se prêtent mieux que d'autres à des séances de lecture impromptues dans des lieux publics. On ne peut pas toujours raconter une histoire à haute voix, mais on peut feuilleter un documentaire.

Avant d'aller chez le dentiste, de prendre le métro ou même d'aller au supermarché, choisissez quelques livres à apporter. Ayez toujours un minialbum avec vous. Il en existe de la taille d'un cellulaire ! Lorsqu'on est pris à patienter sans avoir prévu le coup, c'est formidable de pouvoir sortir un livre de sa poche ou de son sac à main. Les enfants découvrent ainsi qu'avec un livre, on ne s'ennuie jamais.

Secret n° 7
Il faut cueillir chaque enfant là où il est

On ne commence pas à aimer lire avec Balzac. Pour qu'un enfant aime lire, il faut le cueillir là où il est, avec ses intérêts, sa curiosité, ses fantasmes et ses peurs, en tenant compte de sa capacité d'attention comme de ses habiletés de lecture. Bref, il faut le prendre là où il est vraiment et non pas là où l'on voudrait qu'il soit.

Nous vivons malheureusement à une époque de grande pression pour la performance. Pour décrire cette triste réalité, les sociologues américains ont inventé le terme « *hurried child syndrome* » : l'enfant qu'on pousse à vieillir vite. On voudrait qu'il apprenne à lire et à compter avant la maternelle, comme s'il devait se dépêcher à devenir un adulte le plus vite possible.

N'importe quel libraire vous le confirmera : **les parents précisent presque toujours que leur enfant est « très avancé pour son âge »**, laissant ainsi entendre qu'il serait préférable de lui trouver un livre un peu plus difficile, un peu plus complexe ou avec un texte plus long que ce qui est normalement attendu de lui.

Certes, de nombreux enfants sont extrêmement éveillés et réceptifs pour leur âge. Mais **la lecture n'est pas un sport de performance.** Le but n'est pas de franchir des étapes rapidement, mais de développer une relation agréable avec les livres, d'en apprécier les qualités pratiques ou artistiques, dans un but d'enrichissement, d'information ou d'évasion.

La vaste majorité des enfants finissent par apprendre à lire, quelle que soit la méthode d'enseignement utilisée. Ce qui diffère énormément d'un enfant à l'autre, c'est le goût de lire. Pour qu'un enfant découvre le plaisir de lire, il faut absolument prendre en compte l'étape à laquelle il est rendu. Un enfant de cinq ans peut être très intelligent, mais avoir quand même envie de se faire raconter des histoires mettant en scène des personnages vivant des réalités psychologiques de son âge. Il peut savoir déjà compter et être quand même amusé – ou terrifié ! – par l'histoire d'un petit cochon attaqué par un loup affamé !

Trop, c'est trop !

Mon aîné, Simon, était très précoce en lecture. C'était l'élève qui lisait le plus dans sa classe. Son père et moi en étions très fiers et nous ne rations jamais une occasion de le féliciter. Un jour, à l'âge de neuf ans, Simon a soudainement cessé de lire. J'ai mis un moment à trouver pourquoi. Et pourtant, c'était flagrant...

À cause de nos encouragements, Simon avait fini par percevoir la lecture comme un sport de compétition. Nous avions tendance à lui proposer des livres de plus en plus difficiles, avec de plus en plus de pages. Voulant nous faire plaisir, Simon s'est beaucoup forcé... jusqu'à perdre le goût de lire!

Alors, nous avons fait marche arrière. J'ai recommencé à lui raconter des histoires et à lire avec lui. Pendant plusieurs mois, Simon n'a lu que des livres faciles, des livres mettant en scène des héros plus jeunes que lui faisant face à des dilemmes propres aux plus petits. Après avoir lu des romans destinés à des enfants de 12 ans et plus, qui exigeaient de lui beaucoup de souffle en lecture et qui présentaient des réalités qui le dépassaient psychologiquement, Simon ressentait le besoin de régresser un peu.

Après quelques mois, il est revenu à la lecture de romans, mais nous l'avons aussi encouragé à lire des bandes dessinées, des livres de blagues et des documentaires. Surtout, nous avons cessé de faire comme si lire était une prouesse. En se concentrant sur son plaisir,

*ses goûts et ses besoins, Simon a retrouvé le goût de lire
et aujourd'hui, il est devenu… enseignant !*

**Les livres pour enfants sont conçus, écrits, illustrés,
publiés et choisis par des adultes. C'est facile, en cours
de route, d'oublier les désirs et les besoins des enfants
qui sont, malgré tout, différents de nous.** Ce qui les fait
rire, pleurer, frémir nous étonne parfois. Sans compter
qu'ils grandissent rapidement, si bien qu'on a souvent
du mal à déterminer où ils en sont dans leur développement. Pour réussir à les cueillir là où ils sont, il faut simplement les écouter, sans les bousculer. Leur donner du
temps. **L'enfance est une belle étape de la vie. Il n'y a
pas de raison de vouloir en sortir le plus vite possible.**

Nous savons déjà que les catégories d'âge constituent un piège. De même, le nombre de pages d'un livre
ne garantit rien. On félicite souvent un enfant pour
avoir lu un livre plus volumineux que le précédent. Mais
la valeur d'un livre ne se calcule pas au poids, et le défi
de lecture qu'il représente n'est pas nécessairement lié
au nombre de pages. **D'immenses chefs-d'œuvre
tiennent dans de tout petits livres, très minces et de
grosses briques regorgent de propos insignifiants.**

Ce qui compte, c'est de trouver le bon livre pour la
bonne personne, un livre qui lui rappellera que lire rend
heureux et qu'on n'a jamais assez de toute une vie pour
lire tout ce qui peut nous intéresser. **On ne veut pas**

former des athlètes en lecture ni des singes savants, mais des êtres humains riches et épanouis.

Prendre un enfant là où il est, ça ne signifie pas de l'abandonner à son sort. Les ponts vivants sont là pour encourager les enfants à se découvrir librement afin d'aller le plus loin possible. Tous les enfants ne peuvent pas devenir joueurs de hockey professionnel. Mais plusieurs peuvent prendre plaisir à jouer, apprendre beaucoup de choses pendant le jeu et développer une meilleure forme physique en plus. De même, on ne doit pas tenter de faire de tous les enfants des lecteurs littéraires, des lecteurs boulimiques ou des lecteurs savants. **Chaque enfant doit découvrir sa personnalité de lecteur.** Fureteur, dévoreur ou dégustateur ? Touche-à-tout ou très sélectif ? Intellectuel ou émotif ? Pragmatique ou poétique ? Plutôt visuel ou très sensible à la puissance des mots ?

Et justement, vous enseignez la littérature

« Moi, je n'ai pas eu besoin de livres pour enfants pour aimer lire ! Je suis passé directement aux grands classiques. » Pendant les 15 années où j'ai enseigné à l'université, des collègues m'ont souvent lancé des affirmations de ce genre. Chaque fois, je leur répondais : « Et justement, vous êtes devenu professeur de littérature. N'est-ce pas merveilleux ? D'autres enfants

grandissent pour devenir stylistes, mathématiciens, coif-
feurs ou ingénieurs. Leur rapport au livre est différent. »

Secret n° 8
Il n'existe pas de « mauvais » livres

« Tu ne pourrais pas lire autre chose ! » Les adultes ont tendance à condamner une foule de livres que les enfants adoptent spontanément : bandes dessinées, livres mettant en vedette des héros de séries télévisées, livres pour faire frissonner et romans en série. À la bibliothèque municipale, ma fille Marie allait souvent directement vers des albums illustrés que je jugeais de piètre qualité – la série Disney, par exemple – lorsqu'elle était petite. Plusieurs de ces livres me semblaient mal écrits, difficiles à raconter et bourrés de stéréotypes et de clichés. Pourtant, Marie les adorait.

Dire à quelqu'un que ce qu'il aime est mauvais, c'est comme le désavouer. À force de se faire dire que les livres qu'il apprécie sont trop faciles, de piètre qualité ou que ce sont des livres « qui ne comptent pas », un enfant finit par penser que la lecture, ce n'est tout simplement pas pour lui.

Les livres appréciés des enfants méritent rarement d'être proscrits. Les plus dangereux ne sont pas mauvais, mais les fades et ennuyeux. Chaque fois qu'on a envie de condamner un ouvrage aimé, il faudrait plutôt tenter de déterminer ce qui attire l'enfant dans cet ouvrage. Félix-Antoine n'apprécie que les bandes dessinées ? **La meilleure façon de l'aider à s'épanouir, c'est de s'intéresser à ce qu'il lit.**

On condamne presque toujours sans avoir lu. En s'intéressant davantage aux livres dont on se méfie, on est souvent surpris. Félix-Antoine préfère peut-être les bandes dessinées parce qu'il apprécie les textes courts. C'est un sprinter, pas un marathonien. Il est sans doute aussi très visuel. Et comme bien des garçons, il aime l'action. Or les bandes dessinées en sont remplies.

L'important, c'est de **ne jamais porter un jugement dévalorisant ni proférer des propos méprisants.** En condamnant ce que lit un enfant, on brise le pont, on rompt la communication. Au lieu de le cueillir là où il est, on exige qu'il vienne vers nous comme si nos goûts étaient des prescriptions. Or, à trop vouloir créer des lecteurs à notre image, on fabrique des non-lecteurs. Et souvent, les plus ardents prescripteurs sont eux-mêmes cantonnés dans un seul type de lecture.

Moi, c'est moi !

Je suis une lectrice de romans. J'aime aussi la poésie. Et j'apprécie un bon documentaire sur un sujet qui me passionne déjà. À part les livres de cuisine, je ne lis presque jamais de livres pratiques et je suis une piètre lectrice de bande dessinée. Je ne suis pas une lectrice modèle. Je suis moi, c'est tout. Ma personnalité de lectrice et mes goûts sont différents de ceux de mon frère ou de ma voisine.

À mes yeux, la bande dessinée constitue une lecture exigeante. Je préfère nettement les textes linéaires qui se lisent de gauche à droite et je ne suis pas particulièrement visuelle. Quand je lis, mon plaisir repose davantage sur la force de l'histoire et la puissance évocatrice des mots que sur une série d'images, aussi palpitantes soient-elles.

Moi, c'est moi ! Un point, c'est tout.

Cela signifie-t-il que tous les livres sont bons ? Bien sûr que non ! Mais la part de subjectivité est immense et peu de livres pour enfants méritent de faire l'objet de censure. Les plus violents sont rose bonbon comparé à ce qu'on voit à la télévision. D'autre part, un livre qui nous semble d'une banalité navrante peut quand même plaire à un enfant sensible et intelligent simplement parce qu'il aborde un sujet important pour lui ou parce qu'il le réconforte à ce moment précis.

Un livre qu'on considère de piètre qualité ne présente pas de graves dangers. Il faut s'en rappeler! Le pire qui peut arriver, c'est qu'un enfant se conforte dans ce type de lecture et piétine au lieu de s'épanouir pleinement. Mais de toute manière, tant qu'ils lisent, les enfants ne font pas vraiment du surplace, puisqu'ils continuent de développer une aisance en lecture qui ne s'acquiert qu'au prix d'une pratique régulière.

« Ne vous moquez jamais de ceux qui ne lisent pas, si vous voulez qu'ils lisent un jour », répète-t-on souvent avec raison. Il faudrait ajouter: « Et ne vous moquez pas des lectures de ceux qui lisent. »

Secret n° 9
La lecture, c'est sexiste !

Les livres ne devraient pas être sexistes, mais la lecture l'est. Non seulement les garçons et les filles ont-ils des goûts différents et un rapport au livre qui n'est pas le même, mais l'école a tendance à désavantager les garçons en réprouvant ce qu'ils aiment.

Plusieurs enquêtes récentes révèlent que les filles lisent presque deux fois plus que les garçons. Elles sont aussi deux fois moins nombreuses que les garçons à éprouver des difficultés d'apprentissage. Non seulement lisent-elles plus souvent, mais elles sont également plus « compétentes » en lecture, c'est-à-dire meilleures pour décoder, pour comprendre. Pas étonnant que les filles réussissent également mieux en écriture.

Le discours officiel sur la lecture fait la promotion de la fiction. Or les éditeurs de romans pour adultes se plaisent à dire que 80 pour cent de leurs lecteurs sont des lectrices. **Les garçons – et les hommes en général – préfèrent souvent la non-fiction, les ouvrages documentaires, par exemple.** Toutefois, ces livres peuvent être aussi bien écrits et aussi stimulants qu'un grand roman.

L'école privilégie la fiction. On encourage les élèves à consulter des documentaires pour produire une recherche, mais on oublie que ces livres constituent une lecture en soi. Pourquoi les fameux rapports, critiques et résumés de lecture sont-ils réservés aux œuvres de fiction ? **De nombreux garçons affirment qu'ils ne lisent pas, alors même qu'ils lisent plus souvent qu'on pense. Seulement, ils ne lisent pas ce qu'on souhaiterait qu'ils lisent. Et ils en sont très conscients.**

Les garçons lisent peut-être moins que les filles parce que l'univers de la lecture est profondément féminin. Les enseignants du primaire comme les bénévoles des bibliothèques scolaires sont presque toujours des femmes. Peut-on imaginer que les choix de livres tiennent moins compte des petits garçons ?

De manière typique, les filles lisent pour rêver, pour s'évader, pour s'identifier à des personnages qui les inspirent et vivre des émotions. **Les garçons lisent pour apprendre, découvrir, comprendre, relever des défis.** Les filles aiment les romans d'amour, les garçons préfèrent la science-fiction et le *heroic fantasy* dans la tradition de Tolkien, l'auteur du *Seigneur des anneaux*.

Et bien que les deux sexes apprécient les romans d'aventure, les garçons lisent beaucoup plus de bandes dessinées et d'ouvrages de non-fiction que les filles.

Je reçois beaucoup de lettres de mes lecteurs. Au fil des déménagements, j'ai dû me départir d'une partie de ce courrier que je conservais précieusement, faute d'espace suffisant. Mais il y a des lettres dont je ne me séparerai jamais. Deux entre autres, de garçons qui m'avaient rencontrée alors que j'effectuais une tournée dans les écoles pour parler d'un de mes romans, *Les Grands Sapins ne meurent pas*. Un drame sentimental...

J'espère qu'ils ne m'en voudront pas de reproduire leur lettre :

Salut Dominique,

Éric et moi, on déteste réellement lire. Pour nous, lire un récit est une perte de temps incroyable. Le(s) ou les seul(s) livre(s) qu'on aimerait lire serait des livres instructifs. Exemple; des livres de permis de conduire ou sur la technologie. Je ne vois pas vraiment le « trip » de lire des histoires plus ou moins réelle de quelques centaines de page.

Pour nous, lire n'est pas un divertissement. C'est seulement un moyen pour apprendre des choses. En tout cas, c'est ce qu'on pense.

Pour le reste, on croit que tu dois être une bonne écrivaine car tout le monde parle en bien de toi.

On te souhaite plein de succès.

Éric et Benoît

Et cette autre lettre tout aussi percutante :

Cher Dominique,

Votre livre m'a tout l'air interressant pour les autres, car nous, ce n'est pas tout à fait notre genre. Nous aimons surtous les livres de suspence ou d'actions, mais votre livre est vraiment réel, car tout ce que vous écriver semble vrai.

Nous croyons tout de même que vous êtes sur le chemin de la réussite. Continuez vos explois et ne lâchez jamais.

Carl et Louis

Les fantasmes des petits garçons sont et resteront sans doute très différents de ceux des petites filles. Cela commande inévitablement des héros différents. *Max le petit tracteur rouge*, un album illustré racontant les tribulations d'un petit tracteur adopté par un fermier, laissera peut-être de glace une fillette absorbée par ses rêves de princesse, mais le livre fait fureur auprès des petits garçons. Mine de rien, le récit aborde de grands thèmes

– l'apprentissage de l'autonomie, la persévérance, l'apprivoisement de l'inconnu, l'attachement… –, mais pour s'identifier au héros, il faut quand même aimer un peu les véhicules à moteur.

Tac-teur !

À la naissance de mon premier enfant, je voulais tellement éviter de reproduire les fameux stéréotypes que j'ai acheté à Simon une petite poupée rose en chiffon. J'ai aussi évité les jouets classiques typiquement masculins du genre camion de pompier, tracteur et autres engins. Or le premier mot que mon fils a prononcé, avant même « maman » ou « papa », c'est : « tac-teur ! ». Il l'avait appris je ne sais trop comment, et lors d'une promenade en poussette, il a lancé un véritable cri de joie en reconnaissant l'engin.

Ce jour-là, j'ai démissionné. Alexis a eu tous les camions qu'il souhaitait et Marie a été inondée de poupées. Quant à Simon, heureusement, il m'a tout pardonné.

Ces préférences très sexuées ont la vie longue. Récemment, j'ai visité dans une même semaine une classe de maternelle et un groupe de troisième secondaire. Mon enquête express a révélé que les fillettes de maternelle souhaitaient lire des livres avec des princesses et des robes de princesse et des châteaux de princesse et des couronnes de princesse. Les petits garçons rêvaient plutôt de livres avec des chevaliers, des épées, des dragons et des méchants. Ils ne mentionnaient même pas les princesses.

Lors de mon intervention au secondaire, quelques jours plus tard, j'ai pu admirer une exposition d'œuvres produites par les jeunes. Ils avaient été invités à écrire un conte ou un court récit et à apporter un objet en lien avec leur création. La bibliothèque était remplie de robes de princesse, d'armures et d'épées. J'ai cru que l'enseignante avait proposé un thème médiéval à ses élèves. Pas du tout! Ils étaient totalement libres. Le Moyen Âge passionnait garçons et filles, mais d'une bien différente manière. Les filles retenaient le romantisme; les garçons, les combats. Les textes des filles mettaient en scène des fées et des princesses, tandis que les garçons inventaient des histoires de sorciers et de chevaliers.

Les différences entre filles et garçons font malheureusement que de nombreux petits garçons ont la vie dure à l'école. Plusieurs d'entre eux sont tout simplement trop… grouillants. C'est pour ça que leur rapport au livre est différent. Alors que les filles s'expriment beaucoup verbalement, les garçons sont davantage actifs. Or les livres, et tout particulièrement les livres de fiction, reposent sur le langage verbal. Plusieurs travaux, cités par une foule d'experts, démontrent noir sur blanc que certains enfants sont plus sensibles au langage visuel. Et c'est très souvent le cas des garçons.

Debout sur un pupitre

Quelques semaines après l'entrée de mon fils Alexis en première année, son enseignante m'a expédié un mot gentil. Elle me disait combien Alexis était drôle, enjoué, expressif, mais elle me priait aussi de le convaincre de ne plus monter debout sur son pupitre. Deux ans plus tard, j'ai dû retirer Alexis de l'école traditionnelle pour l'inscrire à l'école alternative. La raison? Alexis avait beaucoup trop d'énergie pour rester assis aussi long-temps que l'exigeait l'école primaire traditionnelle. À l'adolescence, Alexis avait appris à mieux gérer son énergie et à respecter des consignes. Il a pu survivre à l'école secondaire sans trop de dommages. Aujourd'hui, il est policier et athlète de haut niveau.

De nombreux petits garçons ont découvert le plaisir de lire un peu tardivement grâce au fameux *Mondial des records*. Pourquoi? Les textes sont courts, percutants et abondamment illustrés. De plus, on y parle de faits réels, de gens «ordinaires» qui ont accompli des exploits. C'est une formule irrésistible.

Les garçons apprécient particulièrement les livres qui exigent une participation active. Les albums dans la tradition des «livres dont vous êtes le héros» invitent les enfants à explorer activement les images en quête d'indices et de solutions. Un exemple ? *50 surprises au pays des dragons*, dans lequel les enfants ont pour mission de sauver un œuf de dragon en suivant les traces d'un farfadet suspect. Ou encore : *Cache-cache dans les châteaux*, qui est à la fois un documentaire et un livre-jeu avec plein de personnages et d'objets à trouver dans l'image. Ces livres interactifs ont entre autres avantages d'être très agréables à parcourir à deux.

D'autres albums sont conçus pour que les enfants explorent activement les illustrations, dans la tradition des fameux *Où est Charlie ?* de Martin Handford. À découvrir absolument : *Les Cent Plus Belles Devinettes* de Monika Besner : des charades, des devinettes poétiques et des énigmes dont les réponses sont dans l'image.

Malgré tout, le monde des livres est encore un univers trop féminin. Si on compare la lecture à l'amour, on ne doit pas s'étonner que les choix des garçons diffèrent autant de ceux des filles. Assurons-nous aussi que les modèles de lecteurs ne soient pas exclusivement féminins. Est-ce toujours maman qui raconte des histoires avant le dodo ? Les papas sont pourtant formidables pour imiter la voix du gros méchant loup !

Secret n° 10
Il faut absolument animer la lecture

Un bon livre ne demande qu'à être ouvert, nous l'avons déjà dit. Mais encore faut-il atteindre cette étape cruciale : l'ouvrir ! Il ne suffit malheureusement pas d'un simple regard pour déclencher un coup de cœur. Il faut d'abord avoir envie de le parcourir un peu avant d'accepter de faire un bout de chemin avec lui. C'est pour toutes ces raisons que nous devons absolument animer la lecture pour le bénéfice des enfants.

Il existe une foule de petits trucs et de stratégies toutes simples et merveilleusement efficaces pour exciter l'appétit de lire. C'est ce qu'on appelle l'animation du livre ou de la lecture.

Observez un livre rangé dans une bibliothèque. On ne voit que le dos, la petite tranche de carton mince derrière laquelle sont reliées les pages. Est-ce invitant ? Non ! Prenez un Big Mac, maintenant. Placez-le devant vous. Est-ce invitant ? Pour la majorité des enfants, la réponse est : oui ! Ça sent bon et ça semble bon. De plus, on sait exactement ce que ça goûte, car tous les Big Mac ont le même goût.

McDonald's a inventé une recette de hamburger avec juste assez de sucre, de sel et de gras pour rendre les jeunes (et pas seulement les jeunes…) accros. Or, malgré tout ça, **McDonald's dépense des fortunes en promotion. Alors, comment peut-on espérer attirer les jeunes avec juste un petit morceau de carton ?**

En animation de la lecture, les interventions les plus simples sont celles qui produisent le plus d'effet. Nous les connaissons, mais nous oublions de les mettre en pratique. Celles qui suivent ont pour la plupart déjà été abordées. Elles méritent d'être adoptées tout de suite.

DIX INTERVENTIONS GAGNANTES POUR ANIMER LA LECTURE

1. Lisez devant les enfants. Un livre, un magazine, peu importe. Soljenitsyne, Guy Corneau ou le *Guide de l'auto*.

2. Racontez-leur des histoires tous les jours. S'ils sont autonomes, pratiquez aussi la lecture partagée (voir page 213).

3. Parlez des livres que vous aimez, invitez les enfants à parler des livres qu'ils aiment et de ceux qu'ils aiment moins.

4. Fréquentez une bibliothèque toutes les semaines.

5. Visitez souvent des librairies.

6. Disposez des livres de manière invitante dans plusieurs pièces de la maison. Remplacez-les régulièrement par d'autres.

7. Organisez un coin lecture confortable et accueillant à la maison. Pour les plus jeunes, ajoutez des objets douillets : un coussin, un doudou, un toutou…

8. Donnez-vous des outils de sélection : des personnes-ressources, des sites Web ou les palmarès des grandes librairies, par exemple.

9. Munissez-vous d'un petit carnet pour noter des suggestions de lecture.

10. Faites comme si les livres étaient des papiers-mouchoirs. Assurez-vous d'en avoir toujours un avec vous.

DES ACTIVITÉS POUR ALLER UN PEU PLUS LOIN…

Prenez un bon vin. Servez-le dans un beau verre, à la température idéale. Ajoutez un éclairage d'ambiance.

De la musique. Un décor. Des fleurs. C'est encore mieux, non ? Pour bien déguster le vin, on conseille de le laisser respirer, de l'observer, de humer délicatement les parfums puis, au lieu d'avaler la première gorgée d'une traite, de promener lentement le liquide dans sa bouche pour en saisir toutes les saveurs.

C'est pareil avec les livres. Il existe de petits trucs pour maximiser le plaisir et toutes sortes d'activités et de stratagèmes pour inciter les enfants à lire plus, à diversifier leurs choix et à profiter encore davantage de leurs expériences de lecture.

J'ai conçu un cours universitaire de 45 heures sur l'animation de la lecture auprès des enfants. À la première rencontre, j'expliquais toujours à mes étudiants que tout tenait en trois mots : avant, pendant et après.

Quelques pistes pour animer le livre avant, pendant et après la lecture

1. À l'apéro
Avant la lecture : on met en appétit. Comment ?

On anticipe avec la page couverture
On observe la page couverture et on essaie d'imaginer ce que le livre pourrait bien raconter. Laissez parler votre enfant, mais n'hésitez pas à participer vous aussi. Mine de rien, vous êtes en train de jouer à l'écrivain !

Il ne s'agit pas de deviner ce que raconte l'auteur, mais de voyager dans l'univers du livre.

On anticipe avec le titre

Avec ou sans la page couverture, on fait la même chose en rêvassant à partir du titre. Les titres sont souvent très évocateurs. Ils piquent la curiosité, stimulent l'imaginaire. Je sais que les enfants adorent imaginer des scénarios à partir de certains titres de mes albums : *Vieux Thomas et la petite fée*, par exemple, ou encore *Le Zloukch*. Qu'est-ce qu'un zloukch ? Le mot mène à toutes sortes d'idées amusantes.

On anticipe avec la première phrase

On peut ajouter un autre élément en lisant la première phrase. Et maintenant, quelle suite pourrait-on imaginer ?

On anticipe avec la thématique

L'album a pour thème la peur des monstres, l'arrivée d'une petite sœur, le premier jour à la garderie… Pour intéresser un enfant, il suffit de lier cette thématique ou la situation décrite à ce qu'il vit ou ce qu'il a vécu. Vous n'avez qu'à résumer le propos et poser la question magique : « Toi, est-ce que ça t'est déjà arrivé ? » D'avoir peur des monstres, d'être jaloux de ta petite sœur, de t'ennuyer, de vouloir voler…

Les émotions constituent également de formidables portes d'entrée. Les enfants doivent apprendre à reconnaître, nommer, comprendre et gérer leurs émotions.

C'est tout un programme pour de si petites personnes ! Heureusement, les livres sont de formidables alliés. Il suffit d'expliquer à un enfant que dans *La Colère du dragon*, le héros pique une colère monstrueuse pour qu'il veuille connaître la suite.

Piqûre-lecture

L'activité est facile, mais il faut avoir lu le livre ou du moins en connaître le contenu pour la réaliser. Reprenons l'analogie amoureuse. Pour que ma meilleure amie ait envie de rencontrer un homme à qui je veux la présenter, je dois lui dire deux mots à son sujet. Quelque chose qui risque de l'accrocher. C'est pareil avec les livres !

Avant de raconter *Pétunia, princesse des pets* à des enfants, je leur explique qu'il s'agit de l'histoire d'une petite princesse tout à fait parfaite à un défaut près : elle pète sans arrêt ! J'ai déjà leur attention. Il ne me reste qu'à ouvrir le livre et à le lire à haute voix.

Avant de lire *Chien bleu*, un conte moderne émouvant, je les mets tout simplement en situation. « Que ferais-tu si tu découvrais un beau grand chien bleu devant la porte de ta maison ? Le renverrais-tu ou voudrais-tu l'adopter ? »

2. Passons à table !

Pendant la lecture : on s'amuse, on participe, on invente. Comment ?

Pratiquez l'art de raconter une histoire

Modifiez votre voix pour faire vivre les personnages, jouez avec votre intonation, changez de rythme, insérez des pauses. Vous y prenez plaisir ? Ça tombe bien, j'ai d'autres conseils pour vous à la page 186.

Faites participer votre enfant

Lorsqu'on relit plusieurs fois le même livre, ce qui est tout à fait normal et souhaitable, on peut inviter notre enfant à faire des bruits, « lire » un mot qui revient souvent, imiter la voix d'un personnage dans un bref passage qui s'apprend facilement. La plupart des contes traditionnels contiennent de petites formules ou des structures répétitives. Les enfants adorent qu'on leur cède la parole et ils sont très doués, par exemple, pour donner la réplique au Petit Chaperon Rouge en rugissant : « C'est pour mieux te manger, mon enfant ! »

Racontez sans les images

La première fois que j'ai expérimenté cette activité, c'était devant 300 adultes – enseignants, directeurs d'école et conseillers pédagogiques – à l'occasion d'une conférence sur la lecture où j'avais prévu raconter un de mes albums, *Tous les soirs du monde*. Les illustrations de Nicolas Debon devaient être projetées sur un écran géant, mais un problème technique a compromis la projection. J'ai décidé de raconter l'histoire quand même en invitant mon auditoire à fermer les yeux pour que chacun crée lui-même ses images.

À la fin du récit, les participants étaient sous le charme. Des tableaux avaient surgi au fil des mots et ils s'étaient découverts artistes. Par la suite, plusieurs se sont procuré l'album, curieux de voir ce que l'illustrateur avait imaginé.

Depuis, je répète souvent l'expérience avec des albums dont le texte est évocateur plutôt que simplement narratif. Des exemples ? *Boréal-Express*, *Annabel et la Bête*, *Moun*…

Faites une pause dans le récit

De nombreux récits nous surprennent à un moment précis avec une pirouette narrative ou une grande révélation. C'est amusant d'arrêter juste avant ce passage pour inviter les enfants à fournir leurs propres hypothèses avant de leur révéler ce qu'a imaginé l'auteur.

Je me suis exercée à ce jeu des tas de fois en racontant *Le Long Manteau bleu* de Susan Varley, un classique incontournable. Pendant tout le récit, on se demande pourquoi le héros refuse d'enlever son long manteau bleu. Il le garde pour bricoler, faire de la gym, peinturer, manger et même dormir. Soudain, on sait qu'on va enfin connaître la raison de son comportement. Il faut s'arrêter là et rêvasser un peu. Les hypothèses des enfants sont très révélatrices de leurs peurs et de leurs fantasmes. Après, on a vraiment très hâte de savoir ce que l'auteur a écrit.

Changez le nom du héros

C'est follement efficace. Il suffit de remplacer le nom du héros dans le livre par celui de l'enfant à qui vous racontez l'histoire. *Exit* Arthur, le chevalier se nomme Jérémie désormais. Vous verrez : il suffit de prononcer le prénom de votre enfant dans le cadre du récit pour qu'un immense sourire éclaire son visage. Soyez vigilant : au bout de quelques pages, on oublie parfois d'effectuer la substitution.

3. Pousse-café et mignardises

Après la lecture, on étire le plaisir, on vagabonde un peu plus loin, on s'improvise chef à son tour... Comment ?

Inventez une suite

Plusieurs livres proposent des fins ouvertes ou semi-ouvertes. L'histoire est terminée, mais on sent qu'elle pourrait facilement continuer. C'est l'occasion d'inventer une suite. Non seulement les enfants développent-ils plusieurs habiletés en s'amusant ainsi – langage, structure d'un récit, caractérisation de personnages... –, mais ils explorent leur imaginaire et apprécient encore mieux la magie d'un livre. J'y crois tellement que j'ai inventé une série d'albums – *Le Secret de Petit Poilu* et ses suites – où, à la fin de chaque histoire, j'invite les enfants à poursuivre l'aventure.

Explorez, discutez, rêvez...

Après avoir lu ou s'être fait raconter un bon livre, les enfants ont besoin d'un peu de temps pour réagir. Ils sont bouillonnants d'idées, de questions, d'émotions. C'est bon d'en parler.

- À la fin de *L'Oiseau des sables*, une histoire que j'ai écrite et dans laquelle, un peu comme dans un conte, un homme a la possibilité de prononcer cinq vœux, pas un de plus, les enfants prennent plaisir à se mettre en situation. Auraient-ils fait les mêmes souhaits ? En auraient-ils gardé un pour la fin ?

- Après avoir raconté *La Princesse dans un sac*, un classique indémodable de Robert Munsch, c'est fascinant d'entendre les enfants exprimer leurs idées sur les relations entre les hommes et les femmes, l'amour ou encore les rôles traditionnels.

- En terminant la lecture de *Je vais me sauver !*, un chef-d'œuvre de Margaret Wise Brown paru pour la première fois en 1942, une discussion sur les conflits entre une mère et ses enfants peut être très révélatrice. Et pour un échange sur les rapports qu'entretiennent les pères avec leurs enfants, un titre s'impose : *Le Papa qui avait 10 enfants*.

Tous ces livres, comme bien d'autres, aident à mieux grandir ; il faut en profiter.

Retournez en arrière

Les livres nous permettent d'effectuer sans difficultés autant de retours en arrière qu'on le souhaite, sans aucun appareil. Lorsqu'on les y invite, les enfants apprécient de pouvoir le faire. Des questions peuvent les guider : « Quel était ton passage préféré ? As-tu eu peur à un certain moment ? Qu'est-ce qui était le plus drôle ? Est-ce que tu as tout compris ? Qu'aimerais-tu revoir ? »

Jouez au cuisinier, au bricoleur, au magicien, au scientifique...

Organisez une activité à partir d'un livre. Cuisinez avec *La Petite Cuisine des fées* ou *Recettes pour épater*. Bricolez avec *Le Grand Livre des maternelles*. Demandez à votre libraire ou à votre bibliothécaire une suggestion de livre pour préparer un spectacle de magie ou réaliser une expérience scientifique.

Notez de nouvelles pistes

Les ouvrages documentaires éveillent la curiosité, soulèvent de nouvelles questions et permettent de cibler une grande variété de champs d'intérêt. Notez sur un bout de papier d'autres sujets, d'autres thèmes, d'autres mots-clés que vous souhaiteriez explorer lors d'une prochaine visite à la bibliothèque ou en librairie. Vous pouvez effectuer une recherche sur Internet à la maison et noter des titres à l'avance. Retenez le nom de la collection si un ouvrage pratique ou documentaire vous a plu afin d'explorer les autres titres.

Enquêtez sur un créateur

Si vous tapez dans un moteur de recherche le nom d'un auteur ou d'un illustrateur, vous avez généralement accès à une bibliographie. D'une part, cela vous permet de dresser une liste d'autres ouvrages potentiellement intéressants et, d'autre part, c'est aussi l'occasion de mieux connaître le créateur et de satisfaire la curiosité typique des enfants. Où écrit-il ? Avec quoi dessine-t-il ? D'où viennent ses idées ? A-t-il des enfants ? Quel est son mets préféré ? Est-il fan de hockey ou collectionneur de sauterelles ? Toutes ces petites informations d'apparence anodine contribuent à solidifier la relation d'un enfant avec les livres et la lecture. Je suis toujours épatée de constater combien mes jeunes lecteurs adorent savoir que j'aime les sushis et les pâtes, que je pratique la course à pied et que mon chien de deux kilos s'appelle Poucet... comme dans *Le Chien secret de Poucet* !

Quand j'étais petite, Internet n'existait pas et il n'y avait pas de tournées d'auteurs dans les écoles. J'avais vaguement l'impression que tous les auteurs étaient morts, ce qui ne me donnait pas très envie de devenir une écrivaine. Une enquête sur un créateur permet aussi de démystifier son métier.

Fabriquez un livre

Les tout-petits peuvent déjà créer leur imagier personnel avec l'aide d'un plus grand. Les plus habiles s'amuseront à bricoler toutes sortes de livres en reliant leurs dessins et en leur ajoutant éventuellement du texte. Un ouvrage précieux vous assistera dans ces projets : *Je crée des livres*, chez Casterman. Tout y est ! On y apprend à fabriquer des livres animés comme des livres en zigzag, à créer des couvertures personnalisées et à relier le tout de manière inventive.

Ceux qui désirent aller plus loin peuvent explorer les coulisses de l'édition et de la production avec *Comment un livre vient au monde*, un ouvrage passionnant.

Des activités pour aller encore plus loin

Vous avez la piqûre ? Chez vous, la lecture, c'est aussi contagieux que la varicelle et le bonheur de lire se vit au quotidien ? Vous lisez souvent avec et à côté de vos enfants ? Vous avez maîtrisé ensemble l'art de la sélection, il y a des livres de toutes sortes un peu partout dans la maison, vous fréquentez la bibliothèque publique et les librairies, vous connaissez des personnes-ressources sympathiques, des outils efficaces et vous animez la lecture avec vos enfants de toutes sortes de joyeuses façons ? Formidable !

Vous auriez maintenant envie d'aller encore un peu plus loin, d'en profiter davantage ? Voici quelques pistes à explorer, même si vous commencez sans doute à en concevoir vous-même.

- Enregistrez **une histoire à écouter**. Exercez-vous avec votre enfant à raconter une histoire en suivant les conseils proposés à la page 186. Ajoutez des bruits, de la musique et enregistrez le tout. Des amis peuvent participer en faisant des voix.

- Organisez **une sortie livresque** : visite au Salon du livre, rencontre d'auteur à la bibliothèque, heure du conte…

- Soyez l'instigateur d'**un cercle de lecture communautaire** dans votre quartier. C'est tout simple : des parents se réunissent avec leurs enfants pour raconter des histoires, partager des piqûres-lectures, organiser des dégustations-lectures, échanger des coups de cœur, des outils de sélection ou des propositions de sorties livresques.

- Plongez dans **les contes** ! Comparez plusieurs versions d'un même conte traditionnel, puis amusez-vous à le réinventer avec humour. Pour vous inspirer, lisez *Prince Gringalet* de Babette Cole. Saviez-vous que ce Cendrillon moderne raconte l'histoire d'un prince qui a perdu son pantalon ? Poursuivez le plaisir avec

Le Monstre poilu, *Princesse Finemouche* et *La Véritable Histoire du Petit Chaperon rouge*.

- Il existe de nombreux ouvrages sur l'animation du livre. Mon préféré ? **1001 activités autour du livre** de Philippe Brasseur. C'est sous-titré : *Raconter, explorer, jouer, créer*. Les activités, toujours simples et très efficaces, sont conçues pour des enfants de 2 à 8 ans.

- Faites **une razzia thématique** à la bibliothèque en empruntant le plus de livres possible sur un sujet qui passionne votre enfant : les monstres, les dinosaures, les gros engins, la magie… Organisez une sortie liée à cette thématique. Visite au musée, à l'insectarium ou au planétarium, film, spectacle de magie, exploration d'un chantier de construction…

- Livrez-vous à une séance de **dégustation express** en goûtant très rapidement à beaucoup de livres pour choisir vos prochaines lectures. Empruntez les cartes de bibliothèque de vos amis si nécessaire et dévalisez les rayons ou dégustez sur place. Pendant une trentaine de minutes (moins avec les plus petits), explorez les livres dans n'importe quel ordre : le titre, la page couverture, la quatrième de couverture, quelques illustrations intérieures, une page au hasard, la première phrase ou le premier paragraphe. C'est un peu comme le *speed-dating*. L'activité fonctionne bien avec des récits illustrés, mais c'est aussi possible avec des documentaires, des bandes dessinées, des livres pratiques et même des romans.

- Après la dégustation express : le **festin de livres**. On déguste lentement des livres sélectionnés pendant la dégustation express. L'atmosphère est à la fête, alors on arrose de jus spécial, on sert une collation de choix.

- Fabriquez **une carte postale personnalisée** en lien avec un livre ou un personnage aimé et expédiez-la à l'auteur, à l'illustrateur ou à un ami à qui vous aimeriez faire connaître cet ouvrage. N'oubliez pas d'inscrire une adresse de retour si vous espérez recevoir une réponse. Écrire à un auteur est facile : il suffit d'expédier votre lettre ou votre message à la maison d'édition. L'adresse est dans le livre !

- **Essayez de reconnaître les techniques d'illustration** dans un album : encre, crayon, pastel, gouache, huile, acrylique, aquarelle, fusain, collages… À moins que l'illustrateur ait recours à l'infographie ?

- **Apprivoisez le métier d'éditeur.** Apprenez d'abord à nommer les parties d'un livre (voir *1001 activités autour du livre*, p. 47). Si vous avez envie de poursuivre, consultez *Comment un livre vient au monde*, où l'on explique les étapes de la fabrication d'un livre depuis l'idée d'un auteur jusqu'à la mise en vente en passant par la mise en pages et l'impression.

- **Devenez auteur, illustrateur ou auteur-illustrateur**. Inventez une histoire – quelques lignes suffisent! –, mettez-la en images, puis publiez-la (vive les photo-copieuses couleur!) en quelques exemplaires. Tout est possible. Roman-photo, bande dessinée, livre d'images, conte réinventé…

- **Présentez un objet lié à l'histoire**. Raconter *L'Oiseau des sables* en montrant un coquillage ou *Un merveilleux petit rien* en présentant un souvenir d'enfance ajoute à l'expérience de lecture. L'objet peut servir de simple piqûre-lecture. Lorsque je sors une allumette de bois de ma poche en expliquant à un enfant que dans l'album que je vais lui raconter (*Vieux Thomas et la petite fée*), il y a une fillette de la taille de cette allumette, ses petits yeux s'agrandissent.

- **Jouez les critiques avancés**. Comparez un livre avec son adaptation à l'écran. Lequel préférez-vous? Pourquoi? Des dizaines de romans pour les jeunes ont été adaptés pour le cinéma. Vous aviez déjà pensé aux séries de Harry Potter et *Le Seigneur des anneaux*. Avez-vous vu *Les Sorcières*, *Le Pont de Terabithia*, *Le Jardin secret*, *La Petite Princesse* ou encore *La Mystérieuse Mlle C.*? Les plus jeunes peuvent visionner *La Belle et la Bête*, *Jumanji*, *La Petite sirène*, *Boréal-Express* ou *Les Trois Brigands* et comparer le film avec la version album.

- **Offrez un journal de lecture.** L'activité n'a rien de scolaire, rien d'ennuyeux. On achète un beau cahier et on y inscrit les livres qu'on lit. Tous les livres ou seulement nos préférés. On ajoute un mot ou une ligne sur chacun. Pas nécessairement un commentaire critique. N'importe quoi. Une pensée. Une question. Une idée. On peut aussi y dessiner. Et même amorcer une correspondance secrète avec un auteur ou un personnage.

UNE PETITE RÉFLEXION AVANT D'ATTAQUER LA DEUXIÈME PARTIE

Il y a une quinzaine d'années, le Québec en entier a paniqué. Au secours ! Nous allions rater le train électronique. Alors même que la moitié des Québécois ne lisaient toujours pas, nous nous donnions une nouvelle mission urgente : l'accès à Internet. Il fallait acheter des ordinateurs, offrir des cours d'informatique, former le personnel des écoles et des bibliothèques, acheter des programmes… De nombreux parents se sont serré la ceinture pour investir dans un ordinateur et l'installer dans une pièce de choix. L'argument était de taille : sans ordinateur domestique, leur enfant ne réussirait jamais aussi bien que les autres à l'école.

Résultat ? Aujourd'hui, presque tous les enfants ont un ordinateur – ou même deux… – à la maison. Ils l'utilisent pour clavarder et jouer, rarement pour naviguer sur l'autoroute du grand savoir électronique. La vaste majorité des enfants utilisent Internet comme si c'était un téléphone avec écran ou un nouveau type de jeu Nintendo. La plupart de ces enfants n'ont pas encore découvert que lire constitue une des plus importantes habiletés à acquérir pour bien fonctionner en société. Et surtout, que lire rend heureux.

Ma grand-mère disait qu'on met souvent la charrue devant les bœufs. C'est vrai que nous avons tous tendance à oublier les vraies priorités. On se laisse prendre par toutes sortes de courants. Les jeunes profiteraient peut-être davantage de leur ordinateur pour naviguer sur des sites intéressants s'ils étaient des lecteurs autonomes et heureux.

On ne découvre pas le plaisir de lire devant un écran d'ordinateur. Pour naviguer librement sur l'autoroute électronique, il faut déjà aimer lire. La littérature jeunesse a évolué pendant plusieurs siècles avant de proposer des livres véritablement adaptés aux enfants. Des livres qui tiennent compte de leur développement comme de leurs sensibilités particulières.

C'est avec des livres pour enfants que les enfants apprennent à lire comme à aimer la lecture. On peut espérer qu'une fois séduits, ils navigueront sur le Web avec autant de plaisir et d'intelligence.

Transmettre le goût de lire à un enfant, c'est fondamental. Si vous en doutez, relisez les « Dix bonnes raisons d'aimer lire ». Puis rappelez-vous que donner le
goût de lire à un enfant constitue une mission tout à fait
réaliste et hautement réalisable. Ce n'est ni coûteux, ni
très compliqué. Il faut simplement y croire, modifier
certaines habitudes, changer des attitudes, intégrer la
lecture dans notre quotidien et suivre quelques petites
pistes utiles dont nous avons discuté plus haut. J'ajoute-
rais qu'il faut peut-être aussi oser éteindre un ou deux
écrans de temps en temps afin de découvrir d'autres
bonheurs et apprendre à voir le monde autrement.

DEUXIÈME PARTIE

Des bébés-livres aux toutes premières lectures

De 0 à 3 ans :
apprivoiser un livre, apprivoiser le monde

Des livres dès le berceau, n'est-ce pas un peu aberrant ?
Pas du tout ! C'est dans la foulée de nombreuses recherches sur le développement psychologique et moteur
des nourrissons que les éditeurs ont commencé à publier
des livres de plus en plus diversifiés pour les bébés. **On
sait maintenant qu'un nourrisson, c'est bien plus
qu'un appareil de digestion.**

Soixante-douze heures après sa naissance, un enfant
reconnaît la voix de sa mère. Quelques jours plus tard, il
réagit à des modulations de voix produisant un rythme
ou une chanson. À partir de un an environ, sa pensée
symbolique est suffisamment développée pour qu'il
puisse reconnaître un objet familier sur les pages d'un
imagier.

**Les premiers livres aident les enfants à dévelop-
per un lien affectif avec un objet très différent d'un**

toutou ou d'un doudou. Ils favorisent également la maîtrise du langage et l'acquisition d'un vocabulaire plus riche. À l'étape de l'apprentissage de la lecture, les enfants dont le vocabulaire est abondant jouissent d'un immense avantage. Au lieu de s'interroger sur le sens des mots qu'ils tentent de déchiffrer, ils peuvent se concentrer sur l'opération de décodage.

Selon plusieurs enquêtes, les enfants qui ont grandi avec des livres et à qui on a souvent raconté des histoires maîtrisent mieux les habiletés langagières au moment d'entrer à l'école. On sait aussi que le fait de raconter des histoires à des enfants d'âge préscolaire les sensibilise à la langue écrite. **Les vertus de la fréquentation des livres en bas âge sont telles que plusieurs pédagogues soutiennent qu'il existe une corrélation directe entre le nombre d'histoires racontées à un enfant et ses performances scolaires.** Selon le National Academy of Education des États-Unis, la meilleure façon de préparer les enfants pour l'apprentissage de la lecture, c'est de leur raconter des histoires à haute voix.

Les livres pour les nourrissons fournissent un moment de rapprochement privilégié entre un adulte et un tout-petit. Surtout, **le bébé-livre installe dans la tête d'un tout-petit l'idée formidable qu'un livre peut lui apporter du plaisir.** Et ça, c'est bien plus important que de maîtriser l'alphabet à trois ans.

Tout ne se joue pas avant quatre ans, comme tout ne se joue pas avant dix ans, mais les premiers contacts avec un livre sont marquants. Un nourrisson qui adore plonger dans ses bébés-livres ne fera pas nécessairement un lecteur assidu, mais il est sur la bonne voie.

À 12 mois, un catalogue ou un magazine n'est-il pas aussi efficace pour stimuler l'imaginaire et favoriser l'expression orale qu'un minuscule livre d'images ? Non ! **Le bébé-livre est conçu spécifiquement pour les nourrissons qui en sont encore à apprivoiser l'objet livre.** Les pages sont en carton rigide, le format est réduit avec des angles arrondis et la reliure ultra-résistante. Le but ? Permettre à un tout-petit de le manipuler librement sans le briser. Les pages des bébés-livres sont souvent recouvertes d'une pellicule plastique ou encore ils sont carrément en vinyle. Les bébés peuvent ainsi les tremper dans leur purée et continuer de les apprivoiser à l'heure du bain.

LES GRANDS DÉFIS DES TOUT-PETITS

Les tout-petits de 0 à 3 ans constituent une catégorie de « lecteurs » un peu à part, parce qu'ils ont encore des étapes à franchir avant de profiter pleinement des milliers d'histoires qu'on peut leur raconter. Il est inutile de faire des catégories d'âge très étroites, en proposant par exemple des livres pour les 3 à 9 mois et d'autres pour les 18 à 24 mois. De telles collections existent, mais elles répondent davantage à des stratégies de mise en marché qu'aux besoins réels des enfants.

Un livre constitue un objet à la fois unique, étonnant et mystérieux pour un tout-petit. On oublie tous les défis que cet objet représente. Non seulement sa manipulation mérite-t-elle une certaine pratique – tourner les pages constitue déjà un exploit ! –, mais les enfants doivent aussi apprendre à « lire » une image. Ils découvrent un jour que la forme rouge sur une page correspond à quelque chose qu'ils aiment et reconnaissent. Un camion !

Les livres fournissent un véritable bain de langage. Voilà qui tombe bien, puisque les jeunes enfants mettent beaucoup d'énergie à apprendre une première langue, celle de leurs parents. L'immersion linguistique avec des livres leur permet d'apprivoiser les sons puis de découvrir le sens d'un grand nombre de mots avant de les prononcer.

Les premiers livres n'ont même pas à raconter une histoire. Les nourrissons ne sont d'ailleurs pas prêts à suivre le fil d'un récit. À cet âge, les livres servent de déclencheurs en invitant les tout-petits à gazouiller, reconnaître, nommer, rire et éventuellement verbaliser.

CHOISIR POUR UN TOUT-PETIT

À deux ans, même s'ils ont déjà leur personnalité bien à eux, les tout-petits ont des goûts de lecture moins différenciés que leurs aînés. Certains s'attacheront plus facilement à des héros lapins, d'autres à des oursons, mais **l'enjeu à cet âge est moins dans la sélection d'ouvrages bien précis que dans une compréhension de ce qui leur plaît et de ce qu'ils sont capables de comprendre.** C'est à mesure qu'un enfant grandit que ses goûts, sa personnalité et sa relation à l'image et à l'écrit se définissent mieux, que la sélection de titres précis prend toute son importance.

Les tout-petits adorent les textes rimés, les bruits, les onomatopées et les répétitions. C'est réconfortant pour eux de reconnaître un mot ou une petite formule et ils ont un plaisir fou à anticiper sa réapparition. Ils raffolent des surprises qu'un livre peut leur offrir, qu'elles soient visuelles, tactiles ou sonores : des insertions de feutre ou de fourrure, un œil qui brille, un bedon sur lequel on appuie pour faire un bruit…

Au début, ce n'est pas tant ce que dit le texte qui compte, mais la sonorité. Puis, lorsqu'ils maîtrisent mieux les codes du langage, ils adorent jouer avec les mots. Déformer un mot constitue à leurs yeux une délicieuse espièglerie qui déclenche des rires.

À partir de deux ans, ils apprécient peu à peu des styles graphiques différents et moins convenus. Leurs premières histoires reproduisent des situations qui leur sont familières : la peur du noir, la rivalité fraternelle, les petites désobéissances, la rencontre d'un ami… Tout ce qui bouge les fascine : un animal, un engin, le corps humain.

À trois ans, ils parlent déjà du temps où ils étaient petits et adorent se faire raconter leur venue au monde. Ils se détachent aussi de la stricte réalité, apprécient davantage la fantaisie et s'intéressent aux créatures imaginaires qui tout à la fois les captivent et les effraient.

UNE IMAGE, UN TABLEAU, UNE HISTOIRE…

Les tout-petits sont de fabuleux explorateurs. Mais tout est trop loin, trop fragile, trop grand ou fuyant. Les objets comme les animaux leur échappent. **L'imagier – un livre réunissant une collection d'images –** remédie à ce problème. Il traduit tout dans un langage visuel simple et clair et le fixe sur une page avant de l'offrir aux petits. Le chat qui fuit chaque fois que l'enfant s'en approche se laisse enfin sagement contempler sur une page de l'imagier. Les tout-petits sont ravis de faire apparaître et disparaître l'animal à leur guise, de le nommer et d'imiter son cri. **Les imagiers déposent l'univers dans les mains d'un enfant, qui en devient roi.**

L'imagier sert de premier dictionnaire visuel. Il ne raconte pas d'histoire, bien qu'on puisse faire parler les images. L'objectif n'est pas tant d'être inventif, mais de représenter des objets, des animaux, des aliments ou des personnes de manière compréhensible à l'enfant. La mise en pages est aérée avec des représentations claires et familières, des détails soigneusement choisis, des contours nets et des couleurs vives.

Les premiers imagiers proposent des représentations centrées sur l'univers des très jeunes enfants : un biberon, un ourson, une main, un ballon. Les tout-petits sont fascinés par ce qui les entoure et totalement captivés par leurs conquêtes affectives et motrices. À mesure qu'ils grandissent, les livres leur ouvrent des fenêtres sur un monde plus vaste.

L'imagier permet également aux enfants de se familiariser avec les conventions de l'art graphique. Entre le chat qu'il voit par la fenêtre et la représentation stylisée de l'animal dans son imagier se glisse tout un travail de décodage et d'interprétation. Ses longs silences devant une image ne sont pas toujours de simples rêveries…

Après l'imagier, mais avant les premières histoires avec un début, un milieu et une fin, les enfants franchissent l'étape de **la lecture d'une image plus complexe.**

La succession de ces différents apprentissages ne signifie pas qu'un tout-petit ne devrait avoir accès qu'à de très simples imagiers avant d'accéder à des livres aux illustrations plus détaillées et éventuellement à de courts récits. Les apprentissages ne s'effectuent pas nécessairement de manière aussi linéaire et graduée. Cependant, c'est utile de comprendre les défis de chaque étape pour mieux accompagner les enfants. Lorsqu'un bambin ne semble pas écouter pendant qu'on lui raconte une histoire pourtant toute simple, c'est peut-être parce que la lecture des images réclame toute son attention et le stimule suffisamment.

Après avoir reconnu un chaton sur une page, les tout-petits peuvent apprécier une image avec plusieurs éléments et saisir les liens entre eux. Au lieu de représenter simplement un chat, l'image peut mettre en scène une souris poursuivie par un chat. Plusieurs bébés-livres proposent des tableautins avec des scènes de la vie quotidienne. Les tout-petits s'amusent alors à repérer et nommer tout ce qu'ils connaissent. Ils peuvent s'exprimer davantage que devant un simple imagier.

À quel âge les enfants sont-ils prêts à se faire raconter une histoire? Ça dépend des enfants... et des histoires. *Alice au pays des merveilles* risque peu de séduire les moins de quatre ans, tout comme plusieurs contes d'ailleurs, mais avant même de souffler leur deuxième chandelle, les bambins apprécient des histoires très simples. À trois ans, la plupart des enfants aiment beaucoup se faire raconter une histoire. Ils affectionnent tout particulièrement les histoires drôles, faciles à comprendre comme à retenir.

Entre le bébé-livre et les albums illustrés proposant un texte assez long, les enfants doivent apprivoiser la notion même de récit. C'est **l'âge des premières histoires.** Encore une fois, on soupçonne mal tout ce que cela représente. Après avoir maîtrisé une image simple représentant un chat, par exemple, puis une image plus complexe représentant un chat à la poursuite d'une souris, les enfants sont prêts à recevoir une série d'images composant un récit.

Ces premiers récits illustrés avec un début, un milieu et une fin permettent aux enfants de se familiariser avec la structure d'un récit et l'enchaînement des images. **Les enfants établissent maintenant des liens entre une image et la suivante.** Tout n'est pas dit. Il faut combler les trous entre les images : des objets ont bougé, des personnages se sont déplacés ou encore ils ont changé de costume.

À mesure qu'un enfant apprivoise l'art du récit avec toutes ses conventions, il peut suivre le déroulement d'une histoire plus complexe avec des dialogues, des ellipses, des changements de décors et une structure moins linéaire. **Peu à peu, les enfants apprécient des illustrations plus inventives et des styles diversifiés.**

Ils ont déjà des goûts personnels et préfèrent certains types d'images, certains modes d'expression.

Entre un et trois ans, les enfants se familiarisent tout naturellement avec le langage verbal et le langage visuel d'un livre. À quatre ans, parfois même avant, la plupart des enfants sont prêts à faire le saut vers des récits plus exigeants, mais d'autres mettent un peu plus de temps. Ce n'est pas grave du tout : **la lecture n'est pas un sport de vitesse.**

ANIMER LA LECTURE AVEC UN TOUT-PETIT

On ne peut pas s'attendre à ce qu'un nourrisson écoute sagement une histoire sans bouger. **La capacité d'attention des tout-petits étant réduite, une histoire qui dure une minute peut leur sembler longue.** Ne soyez pas trop déçu si votre enfant est soudainement séduit par une autre activité. C'est presque toujours signe que le texte est un peu long pour son âge et non que le conteur n'est pas doué !

- **Parlez-lui pendant qu'il manipule un livre**, incitez-le à reconnaître et nommer, inventez de brefs scénarios. Tout en le laissant libre de simplement manipuler le livre, vous pouvez lui poser des questions : « Pourquoi le gros ours est-il fâché ? », « Qu'y a-t-il sous le lit du bébé ? ».

- Tant qu'il est surtout explorateur de l'objet livre, ne tracassez pas votre enfant en lui demandant toujours de faire attention. **Présentez-lui uniquement des livres très résistants au début.**

- Prenez votre temps, profitez de l'occasion pour serrer votre enfant, le cajoler. **N'oubliez pas qu'un livre d'images, c'est plus qu'un livre : c'est un lieu de rencontre entre un enfant et un plus grand.**

- Vous pouvez l'aider à tourner les pages comme à enrichir son vocabulaire, mais de grâce, restez un parent. **Ne vous transformez pas en enseignant. N'oubliez pas que l'enjeu n'est pas d'apprendre à lire le plus vite possible, mais d'aimer les livres.**

- **Amusez-vous avec votre enfant :** faites des bruits, jouez avec votre voix, aidez-le à débusquer des détails dans l'image et discutez avec lui en prenant les images pour appui.

- **Adoptez une mascotte !** Installez une peluche – assurez-vous que l'animal puisse sembler aimer lire ! – dans le coin lecture. Au moment de raconter une histoire, votre enfant sera heureux de serrer la mascotte contre lui pendant que vous manipulerez le livre. Et lorsqu'il s'amusera à revisiter l'histoire seul en contemplant les images ou en inventant son propre scénario, il sera content d'avoir un auditoire.

- **Soyez patient.** Votre tout-petit voudra que vous lui racontiez la même histoire un peu simplette des centaines de fois. C'est tout à fait normal et très formateur. Amusez-vous à modifier un passage, juste pour voir sa réaction. Vous risquez de faire face à beaucoup de résistance. En effet, lorsqu'un tout-petit a adopté un livre, il aime que l'histoire reste *toujours* la même !

- **Acceptez aussi qu'il soit un peu délinquant.** Même si votre tout-petit ne veut pas changer un seul mot de l'histoire, il lui arrive parfois de vouloir sauter une page complète parce qu'il a trop hâte à la suivante.

- **Multipliez les occasions de lecture, mais ne forcez rien.** Marie Bonnafé, une spécialiste de la littérature pour les tout-petits, rappelle avec justesse que la rencontre d'un jeune enfant avec un livre se compare à une rencontre avec un nouvel ami. On peut l'encourager mais pas l'imposer.

BÉBÉ RIME DÉJÀ AVEC DIVERSITÉ

Le marché du livre pour les tout-petits a pris une telle expansion qu'il existe désormais des documentaires animés pour les enfants de 2 à 4 ans, des magazines pour les bébés de 9 mois, des livres de comptines pour les nourrissons, des livres-disques de toutes sortes, des chiffriers livres-jeux, des bestiaires abécédaires et une foule d'autres déclinaisons amusantes.

Les tout-petits raffolent des livres accompagnés d'une peluche, ces albums dont le héros existe en trois dimensions. Lorsqu'en plus, le héros fait l'objet d'une série pour la télévision comme la souris Toupie ou la tortue Benjamin, le succès est assuré.

Les livres animés aussi sont très appréciés des enfants de cet âge. Quelle joie de faire apparaître un train ou un lapin en tirant sur une languette ou en soulevant une cache ! Toutefois, bien que des éditeurs aient conçu des livres animés plus solides pour les tout-petits, ces albums résistent rarement très longtemps à des manipulations répétées. Mais si le plaisir était pleinement au rendez-vous, est-ce bien grave ?

À l'étape des premiers récits, l'enfant apprend à tourner les pages d'un livre plus fragile. Ces pages ne sont plus en carton rigide et il faut partir du coin supérieur pour les tourner. On ne peut plus tremper un livre dans sa purée et, après usage, il faut le ranger. Apprivoiser l'objet livre, c'est aussi apprendre à le respecter, à bien s'en occuper. Mais la meilleure façon de respecter un livre, c'est d'en profiter pleinement. Et c'est normal qu'il soit victime de petits accidents.

Dix héros en série pour les tout-petits

Bali, de Magdalena, illustré par Laurent Richard, Flammarion.
Texte, images, format, typo : tout est efficace ici. On ne sait pas trop si le héros est un chien ou une souris, mais il est clairement sympathique.

Caillou, collectif, Chouette.
Le premier grand héros québécois pour les tout-petits. Une foule de déclinaisons et de produits dérivés pour combler ses admirateurs.

Camille, de Jacques Duquennoy, Albin Michel.
Une girafe, celle-là. Audacieuse, aventurière, attachante.

Floup, de Carole Tremblay, illustré par Steve Beshwaty, Imagine.
Ni enfant, ni animal, Floup s'amuse et s'émerveille en compagnie d'une joyeuse ménagerie de personnages aussi peu ordinaires que lui.

Kako, de Fabienne Teyssèdre, Seuil.
Un drôle de petit bonhomme. On dirait une galette aplatie ! Mais c'est un des jeunes héros les plus joyeusement imprévisibles. D'amusants récits en moins de 50 mots.

Léo et Popi, de Helen Oxbury, Bayard.
Des histoires adaptées du magazine Popi. Un bébé humain et son singe en peluche dans des scènes du quotidien empreintes de tendresse et croquées sur le vif.

Mimi, de Lucy Cousins, Albin Michel.
Une toute petite souris mais combien craquante. Particulièrement adorable en livres animés.

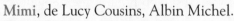

Shilvi, de Sylvie Dumontier, illustré par Nadja Cozic, Flammarion Québec.

Une fillette dégourdie, un ton joyeux, beaucoup de couleurs. Très populaire.

T'choupi, de Thierry Courtin, Nathan.

Mi-enfant, mi-animal, ce héros vit tous les petits drames et les grandes conquêtes d'un enfant d'âge préscolaire. Des pictogrammes encouragent les tout-petits à participer à la lecture.

Tikiko, de Ange Andrianavalona et Orianne Lallemand, Casterman.

Une autre créature étonnante et attachante qui se distingue des autres avec sa queue magique !

Toupie, de Dominique Jolin, Dominique et compagnie.

Moins sage et prévisible que Caillou, la souris Toupie a conquis les petits Québécois avec ses livres et sa série télé.

Oups ! J'ai peut-être mal compté…

Quinze trésors pour les tout-petits

1. À quoi ça sert, une maman ?, d'Émile Jadoul, illustré par Catherine Pineur, L'école des loisirs.

Avec l'aide de sa maman, Achille le cochonnet apprend à être autonome et responsable. Simple, juste et rigolo avec une adorable surprise finale.

2. *L'Album d'Adèle*, de Claude Ponti, Gallimard.

Tout à la fois un imagier et un formidable déclencheur pour inventer une foule d'histoires.

3. *Angèle, la gentille araignée*, de Guido Van Genechten, Autrement.

Après une première rencontre avec Angèle, on veut dévorer tous les albums de Guido Van Genechten.

4. *Bébés chouettes*, de Martin Waddell, illustré par Patrick Benson, Kaléidoscope.

Il fait noir, c'est la nuit. Trois petites chouettes ont peur parce que leur maman n'est pas encore revenue. Il faut connaître et comprendre les tout-petits pour apprécier l'intensité dramatique de ce récit.

5. *La Chasse à l'ours*, de Michael Rosen, illustré par Helen Oxenbury, Kaléidoscope.

Cet album a ravi des générations d'enfants. Une véritable chasse à l'ours avec une vraie grosse frousse, racontée sous forme de comptine et truffée d'onomatopées.

6. *Et pit et pat à quatre pattes*, de Jeanne Ashbé, L'école des loisirs.

Que voilà ? Un gratte-ciel ou une bibliothèque ? L'album peut servir d'imagier mais aussi de tremplin pour des jeux imaginaires.

7. *L'Imagier du Père Castor*, de Anne Telier, Flammarion.

Un classique. Plusieurs générations de tout-petits ont découvert le monde avec lui.

8. *Je suis un loup*, de Cécile Sellon, Milan Jeunesse.
Le meilleur livre de loup pour les tout-petits. Irrésistible.

9. *Je vais me sauver!*, de Margaret Wise Brown, illustré par Clement Hurd, Mijade.
Depuis la parution de cet album en 1942, d'autres livres ont raconté l'histoire d'amour entre un parent et son enfant, mais jamais avec autant d'éloquence.

10. *Je veux une petite sœur!*, de Tony Ross, Gallimard Jeunesse.
Une série vedette, une héroïne chouette, un illustrateur d'une efficacité redoutable.

11. *Mon papa est un géant*, de Carl Norac, illustré par Ingrid Godon, Bayard Jeunesse.
Une belle occasion de découvrir très tôt l'écrivain Carl Norac. Un album magnifiquement illustré pour tous ceux qui ont le meilleur papa du monde.

12. *Les Mots doux*, de Carl Norac, illustré par Claude K. Dubois, L'école des loisirs.
Véritable succès de librairie, cette ravissante histoire nous donne le goût d'exprimer tout haut l'amour comme la joie.

13. *Personne ne m'aime*, de Geneviève Noël, illustré par Hervé Le Goff, Flammarion.
Le drame de la souris Mélanie est universel, l'histoire simple et bien ficelée, les illustrations savoureuses.

14. *Petit-Bleu et Petit-Jaune*, de Leo Lionni, L'école des loisirs.

Créé en 1970, cet album n'a pas pris une ride. Pour découvrir la magie des couleurs et la perfection d'un récit. Les héros sont des taches de couleur !

15. *Une histoire sombre, très sombre*, de Ruth Brown, Gallimard.

Comme un cadeau qu'on déballe jusqu'à la surprise finale. À lire et relire.

Dès quatre ans :
des milliers d'albums à raconter

Album. Le mot est assez nouveau. Avant, on l'associait surtout à la bande dessinée. Aujourd'hui, il sert à désigner une forme littéraire unique : le récit illustré pour enfants.

C'est ma grande passion, mon vrai dada. J'ai commencé à collectionner de beaux albums bien avant d'avoir des enfants. Je me souviens qu'un ami m'a offert *L'Arbre généreux*, un classique de la petite enfance, pour mes 18 ans. J'étais aux anges ! Quand j'étais petite, les beaux livres illustrés pour enfants étaient rares. Chez moi, comme dans la plupart des foyers, il n'y en avait pas. J'ai eu la chance de découvrir la magie de ces récits en mots et en images et de suivre l'évolution de cette nouvelle forme d'art dès le début de son formidable essor, au milieu des années 1970.

Peu d'adultes, parents comme enseignants, connais-sent les particularités de cette forme d'art, ses plus grands artistes, son langage particulier et surtout, sa magie. Car magie il y a. J'ai souvent mis au défi des amis journa-listes à l'époque où j'étais reporter pour le magazine *L'actualité*. Ils trouvaient bien étrange que je lise « tant de petits livres et de petits contes ». Le sous-entendu était clair : ces livres étaient « mignons » tout au plus. Pour les convertir à ma cause, pour leur faire comprendre la portée immense de ces livres, je leur en prêtais. Aucun d'eux n'est revenu indifférent.

Littérature 101 :
petite histoire des livres pour enfants

Les premiers livres écrits spécifiquement pour les en-fants datent du 17ᵉ siècle. Ces histoires servaient de prétextes à des leçons de morale destinées aux enfants des rois et des riches. Au milieu du 18ᵉ siècle, un Lon-donien, John Newberry (un des plus prestigieux prix pour enfants a été créé en son honneur) a décidé de publier des livres divertissants à l'intention des enfants. Il a fallu attendre un siècle de plus avant que ne soit publié, en 1845, le premier récit illustré pour enfants, en Allemagne cette fois : Der Struwwelpeter *(Pierre l'Ébouriffé).*

Après, il y a bien eu Histoire de Babar le petit éléphant *(1930) et quelques autres, mais ce n'est qu'à partir des années 1970 que l'album pour enfants tel que nous le connaissons aujourd'hui a véritablement pris son essor. Au Québec, la publication, en 1976, de l'album* La Cachette, *écrit et illustré par Ginette Anfousse, marque le début d'une production exceptionnellement riche à laquelle les enfants adhèrent avec beaucoup d'enthousiasme.*

Au cours des dernières décennies, des artistes parmi les plus talentueux et des écrivains exceptionnels ont contribué à faire évoluer cet art neuf que constitue l'album pour enfants. Il est désormais admis que les enfants méritent qu'on crée pour eux des livres inoubliables, de véritables chefs-d'œuvre qui n'ont rien à envier à la littérature des grands. Aux yeux de nombreux artistes, l'album représente aujourd'hui un lieu d'expression unique et extrêmement stimulant.

LA MAGIE DE L'ALBUM

Si on accepte que pour développer le goût de lire, les enfants doivent avoir accès à des livres bien avant d'entrer à l'école, **l'album constitue nécessairement LA clé menant au bonheur de lire,** puisque ces livres ont été conçus pour les enfants qui ne savent pas encore lire.

Qu'est-ce que l'album propose de si extraordinaire ? **Qu'est-ce qui fait d'une simple histoire mise en images un livre si unique ?** D'abord, l'album pour enfants est conçu pour réunir deux très différents lecteurs. Le texte est écrit à l'intention d'un petit humain qui ne sait pas lire mais peut contempler les images à volonté. Pour avoir accès à l'histoire secrète enfouie dans les mots, les enfants ont besoin de l'aide d'un plus grand. L'album est né pour être raconté. L'enfant voyage sur les ailes d'une voix qui, en décodant le texte, lui révèle le sens caché des images.

Un album pour enfants, c'est bien plus qu'un livre. C'est un moment béni arraché au quotidien. Pour les petits comme pour les grands, les journées sont bourrées de contraintes et tout semble toujours pressant. Il faut se dépêcher pour s'habiller, être à temps pour le départ vers la garderie ou l'école, se hâter de finir son repas, se brosser les dents, prendre son bain. Mais il existe une activité qu'on ne peut pas presser, pousser ou hâter. Elle prend toute la place, elle exige un temps d'arrêt et elle est obligatoirement conviviale. C'est l'heure de l'histoire racontée !

Le mois Pinocchio

À 20 ans, mon fils Simon m'a confié que son plus beau souvenir d'enfance, c'était « le mois Pinocchio ». Tous les soirs, pendant un mois, j'ai lu à mes trois enfants,

Les Aventures de Pinocchio *de Carlo Collodi, en version intégrale, à raison de un ou deux chapitres par soir. Collodi maîtrise magnifiquement l'art de nous laisser chaque soir sur notre faim, impatients de découvrir le lendemain ce qui arrivera au pantin à long nez et à ses compagnons.*

Je sais que si ce moment s'inscrit aussi précieusement dans les souvenirs d'enfance de Simon, ce n'est pas simplement à cause de la magie du récit de Collodi. Il y avait aussi la notion de rituel d'avant le dodo, un des seuls aussi clairement inscrit dans notre routine. Le comptoir de cuisine pouvait déborder de vaisselle sale, les oreilles n'étaient peut-être pas lavées, tant pis ! L'heure des histoires avait sonné. Nous étions joyeusement condamnés à nous blottir les uns contre les autres dans le fauteuil désigné pour partager les joies, les frayeurs et les espoirs que faisait naître en nous la lecture.

Au cours des dernières décennies, les techniques d'illustration et d'impression ont connu de formidables avancées. Les éditeurs se sont amusés avec de grands artistes à concevoir des albums audacieux et inventifs qui n'en finissent plus de repousser les frontières du genre. Le groupe cible s'est élargi. Après avoir songé aux nourrissons, on s'est mis à penser que les plus grands ne devraient pas être ignorés. Des albums illustrés pour les plus de huit ans proposent des textes plus étoffés, plus littéraires également. *Les Derniers Géants* de François Place ou encore *Cyrano* de Taï-Marc Le Thanh sur des images de Rébecca Dautremer font figure de livres-phares dans ce courant. Entre ces deux publics extrêmes, **les enfants de quatre à sept ans constituent le groupe cible auquel s'adressent le plus grand nombre d'albums et ce sont eux aussi qui les apprécient le mieux.**

TRISTES OU GLORIEUX MARIAGES

L'album pour enfants réunit deux artistes très différents – à moins qu'il s'agisse d'un auteur-illustrateur – autour d'un même projet. Habituellement, un écrivain invente une histoire, trouve les mots pour la raconter, puis la confie à un autre artiste. Ce dernier en fait sa propre lecture, choisit une ou plusieurs techniques – aquarelle, pastel, gouache, acrylique, ordinateur… – et raconte en images sa version personnelle de l'histoire. **Amusez-vous à lire un album en ignorant tour à tour le texte puis l'image.** Vous saisirez mieux la nature complexe de cette union de deux artistes – un auteur et un illustrateur – pour créer un album.

Il existe de très beaux textes associés à de superbes images qui, ensemble, ne composent pas un album exceptionnel. À l'inverse, **il arrive qu'un texte en apparence tout simple soit marié à des illustrations qui à première vue ne révolutionnent rien. Et pourtant, une fois réunis, ce texte et ces images forment un tout magnifique.** On fait parfois la même remarque devant un couple. Dans les deux cas, c'est un peu une question de chimie.

Dans le cas des plus admirables assemblages, on a l'impression que le texte a été écrit exprès pour être mis en images par l'artiste qui signe les illustrations. L'écrivain raconte son histoire d'une manière qui semble inviter l'illustrateur à prendre le relais. Et ce dernier ne se contente pas d'illustrer l'histoire. Il va plus loin en privilégiant une interprétation, en approfondissant les personnages, en ajoutant des détails, en précisant les lieux, les atmosphères, les émotions… Il ne s'agit pas d'un simple collage. Le texte et les images ne s'additionnent pas : ils se multiplient.

En examinant attentivement la relation entre le texte et les images dans divers albums, on apprend vite à distinguer les fades assemblages des unions glorieuses. Parfois, le mariage entre texte et images est tellement réussi qu'on croirait l'œuvre d'un seul artiste, alors qu'il s'agit d'une union complice entre deux créateurs.

Quelques artistes ont le bonheur de savoir aussi bien s'exprimer avec un crayon ou un pinceau qu'avec des mots.

Pour apprécier le travail particulier des grands auteurs-illustrateurs, investiguez du côté des albums portant la signature de Tony Ross, Gabrielle Vincent, Nadja, Chris Van Allsburg ou encore, plus près de nous, Marie-Louise Gay.

LE PLAISIR DE RACONTER

Raconter un album, c'est bien plus que lire une histoire. C'est prendre un enfant par la main et – hop ! – plonger avec lui dans un autre monde. Profitez-en bien ! C'est un moment unique et extrêmement précieux.

N'hésitez pas à multiplier les occasions pour raconter une histoire. Les risques d'intoxication sont nuls. Selon Mem Fox, auteure-illustratrice très connue et conteuse émérite, **tous les enfants devraient s'être fait raconter au moins un millier d'histoires avant d'entrer à l'école.** C'est facile : une par jour pendant trois ou quatre ans.

Même si vous pratiquez la lecture à haute voix plusieurs fois par jour, **essayez de respecter un certain rituel quotidien.** La lecture avant le dodo, par exemple. Choisissez un lieu agréable et privilégiez un environnement calme afin que l'histoire puisse occuper tout l'espace.

Prenez le temps d'épier les réactions de votre enfant. C'est une merveilleuse occasion de mieux saisir ce qui le fait rire, trembler, crier, ce qui l'émeut, lui fait peur, pique sa curiosité...

Assurez-vous qu'il puisse bien voir les images. **Ne vous sentez pas obligé d'expliquer tous les mots difficiles.** La magie du récit suffit souvent à aplanir ces difficultés et, à force d'entendre les mêmes mots, les enfants finissent par deviner leur définition.

Amusez-vous à inventer une petite formule que vous prononcerez avec votre enfant chaque fois que vous plongerez dans une histoire. C'est une excellente façon d'entrer dans le livre... et d'en sortir. Celle que j'ai créée pour l'émission *Dominique raconte...* est: «Spling... Splaille... Schloups!» Si elle vous plaît, adoptez-la.

On s'invente souvent un scénario idéal dans lequel notre enfant est totalement pendu à nos lèvres, immobile et émerveillé pendant qu'on raconte une histoire. Mais ça ne se produit pas toujours. **N'oubliez pas que la qualité d'écoute de votre enfant ne dépend pas uniquement de votre talent de conteur.** Le choix du livre, son intérêt aux yeux de votre enfant, ce qu'il vient de vivre et ce qui se passe secrètement dans son cœur et dans sa tête jouent beaucoup.

Tous les enfants n'ont pas le même type d'écoute. Évitez de réprimander un enfant grouillant, un enfant qui perd soudainement intérêt, qui tombe dans la lune ou qui se met à jouer avec un toutou ou un camion pendant que vous racontez.

De nombreux beaux albums sont difficiles à raconter. Parfois, l'auteur n'a pas suffisamment tenu compte du fait qu'il serait lu à haute voix. **Un bon album pour enfants se raconte bien.** Les mots coulent, les passages se succèdent sans heurt. On ne sent pas constamment le besoin d'arrêter pour expliquer, ni de couper des passages, ni de changer des mots. S'il faut être comédien pour réussir à bien livrer un album, c'est le livre qui pose problème.

Nul besoin d'être comédien

J'ai toujours pensé que tous les enfants devraient se faire raconter au moins une histoire chaque jour. C'est pour cette raison que j'ai conçu un projet d'émission de télévision où un comédien devait raconter les meilleurs livres aux enfants. La simplicité du concept tenait à cette vérité dont nous avons déjà discuté : les bons livres n'ont pas besoin d'artifices, ils ne demandent qu'à être racontés.

Un producteur ami a présenté avec moi le projet d'émission à des diffuseurs qui ont promis de réfléchir à la proposition. Mais avant de quitter les lieux, j'ai insisté pour raconter trois albums que j'avais apportés : Le Monstre poilu, Au revoir Blaireau *et* Vieux Thomas et la petite fée.

Résultat ? Deux semaines plus tard, le producteur m'a annoncé que l'émission avait trouvé preneur, mais à une condition. Au lieu d'un comédien, on m'offrait de raconter moi-même les histoires aux enfants. L'émission allait s'intituler : Dominique raconte...

J'ai fait valoir que même si je connaissais bien la littérature pour enfants, quand vient le temps de raconter une histoire, je ne suis plus qu'une vieille maman passionnée. Ils m'ont rassurée : c'est cette passion bien plus que les prouesses d'un comédien qui les attirait.

Ils avaient compris ce que j'avais oublié : le plus important, c'est la passion. J'adorais les trois livres que j'avais lus à haute voix. Et ça se voyait ! Tous les albums que j'ai lus par la suite dans le cadre de l'émission Dominique raconte... sont des livres que j'aime profondément et que j'avais envie de faire découvrir à tous les enfants.

Dix conseils pour avoir plus de plaisir à raconter

Conseil n° 1

Choisissez un livre que vous aussi aimez.

Conseil n° 2

Laissez-vous aller! Amusez-vous. Un ton enthousiaste suscite l'enthousiasme.

Conseil n° 3

Ne lisez pas: racontez! Habituez-vous à écouter votre voix. Ne la laissez pas devenir monotone.

Conseil n° 4

Si c'est possible, lisez le livre une fois avant de le raconter pour apprivoiser les différents personnages, repérer les moments forts et les changements de ton.

Conseil n° 5

Trouvez le ton de narration qui rend l'atmosphère du récit. Modifiez l'intonation pour exprimer la peur, la joie; variez aussi le volume.

Conseil n° 6

Transformez votre voix dans les dialogues. Attribuez à chaque personnage une personnalité.

Conseil n° 7

Variez le rythme du récit. Accélérez pour rendre l'action vivante, ralentissez pour donner plus de poids à un moment dramatique, insérez une pause avant un passage pour le mettre en valeur.

Conseil n° 8

Ajoutez des bruits partout où vous en aurez envie, qu'ils soient dans le texte ou pas. On cogne à la porte, un chat miaule, un objet tombe… Autant d'occasions de vous amuser. Les enfants adorent !

Conseil n° 9

N'oubliez jamais votre auditoire : attardez-vous sur une page si votre enfant n'a pas fini d'en explorer l'image, collez-le contre vous avant l'arrivée du loup. Acceptez aussi que votre enfant ait parfois envie de passer à une autre histoire…

Conseil n° 10

Rappelez-vous qu'il n'y a aucune contre-indication à se faire raconter des histoires toute sa vie.

CINQUANTE ALBUMS INCONTOURNABLES

Voici une liste de valeurs sûres. Des livres très forts que tous les enfants devraient se faire raconter au moins une fois dans leur vie.

1. *100 comptines*, d'Henriette Major, Fides.
Tout est absolument parfait dans ce livre accompagné d'un CD : le choix des comptines, la qualité des illustrations et l'enregistrement sonore. Un régal !

2. *Aboie, Georges !*, de Jules Feiffer, L'école des loisirs.
Georges ne sait pas japper, au grand désespoir de sa mère qui le confie au vétérinaire. C'est l'histoire de tous les enfants qui sont un peu différents.

3. *Attends que je t'attrape !*, de Tony Ross, Gallimard Jeunesse
Une histoire de peur comme il n'en existe pas d'autre. Du grand Tony Ross !

4. *Au revoir Blaireau*, de Susan Varley, Gallimard.
Un classique inégalé. Pour parler de la mort aux enfants ou simplement pour raconter une belle histoire.

5. *Les Aventures de Pinocchio*, de Carlo Collodi, illustré par Robert Innocenti, Gallimard.
Le texte est aussi long que celui d'un roman. C'est la « vraie » version. Et elle se raconte très bien à raison d'un chapitre par soir. Un récit palpitant.

6. *Boréal-Express*, de Chris Van Allsburg, L'école des loisirs.

Cette histoire de Noël, la plus belle à ce jour, fait rêver les enfants depuis plusieurs décennies.

7. *Ça, c'est du hockey!*, de David Bouchard, illustré par Dean Griffiths, Les 400 coups.

Une partie de hockey endiablée où le plaisir et l'amitié triomphent de la performance et de la compétition.

8. *Cardamome la sorcière*, de Stéphane Frattini, illustré par Frédéric Pillot, Milan.

Ma sorcière préférée. Une histoire joyeusement décoiffante.

9. *Ce qui serait bien*, de Caroline Grégoire, L'école des loisirs.

Le héros est un oiseau, mais c'est aussi l'histoire de nombreux enfants qui sont un peu trop rois et maîtres de leur petit royaume.

10. *C'est moi le plus fort*, de Mario Ramos, L'école des loisirs.

Un loup sème la terreur jusqu'à ce qu'il rencontre une espèce de têtard qui ose lui tenir tête.

11. *Chien bleu*, de Nadja, L'école des loisirs.

Un grand conte moderne comme il s'en fait trop peu. Depuis sa parution, des milliers d'enfants rêvent de rencontrer un chien bleu.

12. *La Colère du dragon*, de Thierry Robberecht, illustré par Philippe Goossens, Mijade.

Sous l'effet de la colère, un petit garçon se transforme en dragon. Pour apprivoiser les émotions, même monstrueuses.

13. *Comment devenir une parfaite princesse en cinq jours*, de Pierrette Dubé, illustré par Luc Melanson, Imagine.

Idéal pour donner aux petites filles le goût d'être une princesse… différente ! Drôle, drôle, drôle.

14. *Comment je suis devenu pirate*, de Melinda Long, illustré par David Shannon, Scholastic.

Tous les rêves secrets du petit pirate dans l'âme sont exaucés dans ce récit totalement jouissif où perce la tendresse.

15. *Dans la gueule du monstre*, de Colette Barbé, illustré par Jean-Luc Bénazet, Les 400 coups.

Les enfants adorent les histoires de monstres qui finissent mal… pour le monstre. De loin la plus comique.

16. *De la petite taupe qui voulait savoir qui lui avait fait sur la tête*, de Werner Holzwarth, illustré par Werner Holzwarth, Les 400 coups.

Une crotte sur la tête. Un coupable à trouver. Un sujet qui fascine les enfants. Au diable les tabous. Très réussi.

17. *Dix dodos avant l'école*, de Alison McGhee, illustré par Harry Bliss, Scholastic. L'album tient en une phrase : faut-il absolument savoir attacher ses lacets de souliers avant d'entrer à l'école ? Pour tous ceux qui craignent le premier jour à la maternelle.

18. *Le Dodo*, de Robert Munsch, illustré par Michael Martchenko, La courte échelle.

Munsch demeure l'écrivain jeunesse canadien le plus drôle et le plus populaire. Un de ses meilleurs textes.

19. *Ernest et Célestine chez le photographe*, de Gabrielle Vincent, Casterman.

Un ours, une petite souris et trois tonnes de tendresse.

20. *Frisson l'écureuil*, de Mélanie Watt, Scholastic.

Frisson l'écureuil découvre que l'inconnu n'a rien de terrifiant. Formidable, non ? L'auteure-illustratrice Mélanie Watt propose une manière inventive de marier texte et images.

21. *Le Grand Livre de la couleur*, de Mila Boutan, Gallimard.

Un incontournable pour la bibliothèque familiale. Les tout-petits y apprennent les couleurs, les grands de six et même de huit ans y trouvent encore leur compte.

22. *Grand Loup & Petit Loup*, de Nadine Brun-Cosme, illustré par Olivier Tallec, Flammarion.

Une des plus belles histoires d'amitié de la littérature jeunesse, jumelée à des images d'une grande intensité.

23. *Le Gros Monstre qui aimait trop lire*, de Lili Chartrand, illustré par Rogé, Dominique et compagnie.

Un livre sur le bonheur de lire, où l'on apprend que les monstres aussi adorent se faire raconter des histoires.

24. *Gruffalo*, de Julia Donaldson, illustré par Axel Scheffler, Autrement.

Une toute petite souris très futée réussit à faire fuir un renard, un hibou et un serpent avec une histoire de Gruffalo. Mais voilà que soudain, le Gruffalo surgit. Drôle et astucieux.

25. *Il était une fin*, de Dominique Jolin et Carole Tremblay, illustrations tirées de la série télé Toupie et Binou, Dominique et compagnie.

Toupie raconte une histoire à son ami Binou. Mais à la fin, ils découvrent que la dernière page est manquante. Toupie est joyeusement condamné à inventer…

26. *Il ne faut pas habiller les animaux*, de Judi Barrett, illustré par Ron Barrett, L'école des loisirs.

Indémodable, hilarant et délicieusement impertinent. Un bestiaire différent, pour tous les âges.

27. *Il y a un cauchemar dans mon placard*, de Mercer Mayer, Gallimard.

Dans les chambres d'enfants, c'est connu, les placards sont remplis de cauchemars. Heureusement qu'on peut les apprivoiser.

28. *Irniq et l'aurore boréale*, de Paule Brière, illustré par Manon Gauthier, Imagine.

Irniq grandit et apprend la vie dans l'immensité du Grand Nord. Poétique et émouvant.

29. *J'ai un problème avec ma mère*, de Babette Cole, Gallimard.

Le premier – et le meilleur à mon avis – d'une longue série chouchou des enfants. Imaginez un petit garçon tout à fait normal dont la mère est une sorcière.

30. *Le Long Manteau bleu*, de Susan Varley et Jeanne Willis, Gallimard.

Pourquoi Thomas, le petit nouveau, refuse-t-il d'enlever son long manteau bleu ? Étonnant.

31. *Louise Titi*, de Jean-Philippe Arrou-Vignod, illustré par Soledad, Gallimard.

Louise Titi a la bougeotte. Du matin au soir, elle saute, court, cavalcade et escalade. Les grandes personnes s'inquiètent : a-t-elle avalé des ressorts ?

32. *La Main de la sorcière*, de Peter Utton, L'école des loisirs.

Une histoire de sorcière qui fait peur mais finit bien. Belle surprise.

33. *Marcel le champion*, d'Anthony Browne, Kaléidoscope.

Une belle porte d'entrée dans l'univers fantastique d'A. Browne. Marcel, un petit garçon intellectuel et doux, affronte Pif la terreur… et gagne !

34. *Max et les maximonstres*, de Maurice Sendak, L'école des loisirs.
Créé en 1963, ce grand classique adoré des enfants n'a pas vieilli d'une ride.

35. *Mimosa la mouffette*, de Lucie Papineau, illustré par Marisol Sarrazin, Dominique et compagnie.
Une petite sœur attend Patatras la panthère au Refuge des animaux perdus. Quelle joie ! Mais un drame menace à l'horizon. Une belle histoire d'adoption.

36. *Moi c'est moi !*, de Peter H. Reynolds, Milan Jeunesse.
Pour apprendre à regarder la vie autrement et oser croire en soi. Un délice.

37. *Le Monstre poilu*, d'Henriette Bichonnier, illustré par PEF, Gallimard.
Lorsque j'ai à suggérer un album drôle, je pense immédiatement au monstre poilu. Dur à battre.

38. *Le Mystérieux Chevalier sans nom*, de Cornelia Funke, illustré par Kerstin Meyer, Bayard.
Idéal pour les petites princesses un peu trop princesses. L'histoire d'une princesse qui ose rêver d'être chevalier.

39. *Arthur : La Nouille vivante*, de Gudule, illustré par Claude K. Dubois, Nathan.
Arthur se lie d'amitié avec une nouille dans son assiette. C'est qu'elle est VIVANTE !

40. *Le Papa qui avait 10 enfants*, de Bénédicte Guettier, Casterman.

Les papas sont parfois fatigués. Ils ont aussi leurs rêves à eux. Cet album fascinant en dit juste assez pour être interprété de maintes façons. Un bijou.

41. *Prince Gringalet*, de Babette Cole, Seuil.

Cendrillon garçon perd son pantalon. Un conte ré-inventé, moderne et drôle.

42. *Profession chien de garde*, de Rick Walton, illustré par Arthur Robins, Gründ.

Un livre hilarant avec pour ingrédients tout ce qui plaît aux enfants.

43. *Roméo le rat romantique*, de Carole Tremblay, illustré par Dominique Jolin, Dominique et compagnie.

La créatrice de Toupie a conçu une autre souris irrésistible sur un texte de Carole Tremblay, une écrivaine championne pour faire rire les enfants.

44. *La Soupe aux cailloux*, de Jon J. Muth, Circonflexe.

Une histoire très ancienne racontée maintes fois avec toutes sortes de variantes. Une version asiatique spirituelle et poétique.

45. *Le Sourire de Pacha*, de Catherine Rayner, Gründ.

Un tigre part à la recherche du sourire qu'il a perdu. Et le retrouve. Une réflexion sur le bonheur à la portée des enfants.

46. *Stella reine des neiges*, de Marie-Louise Gay, Dominique et compagnie.

Stella aide son petit frère Sacha à percer les mystères de l'hiver. Tendresse et poésie.

47. *Le Trésor de l'enfance*, collectif, Gallimard.

Un recueil illustré réunissant plus de 50 histoires, parmi les plus belles publiées par Gallimard au cours des 30 dernières années. Une valeur sûre.

48. *Un merveilleux petit rien*, de Phoebe Gilman, Scholastic.

Alors qu'on parle tant de recyclage, cette belle histoire inspirée du folklore juif est plus que jamais d'actualité. Une vieille couverture adorée devient successivement manteau, veste, cravate, mouchoir… et bien plus !

49. *La Vérité sur l'affaire des trois petits cochons*, de Jon Scieszka, illustré par Lane Smith, Nathan.

Mode d'emploi : racontez d'abord une version classique des *Trois petits cochons*. Puis, ouvrez ce livre qui présente le point de vue du loup.

50. *Le Vilain Petit Canard*, de François Gravel, illustré par Steve Beshwaty, Imagine.

Un grand conte classique habilement mis en mots et illustré de manière telle qu'on se prend d'affection pour ce pauvre oisillon.

Dix livres dont vous ne soupçonniez peut-être pas l'existence

1. *Les Cent Plus Belles Devinettes*, de Monika Besner, Gallimard.

Un des mes albums préférés, toutes catégories confondues. Les réponses aux devinettes poétiques sont cachées dans des tableaux à explorer.

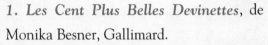

2. *Le Gentil Facteur ou Lettres à des gens célèbres*, de Janet et Allan Ahlberg, Albin Michel.

Un gentil facteur livre une lettre d'excuses de Boucle d'Or aux Trois Ours, une carte postale de Jack pour le géant, une mise en demeure du Chaperon Rouge au loup… On peut manipuler chacune de ces lettres, cartes et missives.

3. *Le Livre des trous*, de Claire Didier, illustré par Roland Garrigue, Nathan.

Du terrier de la mouffette rayée à l'évent des dauphins en passant par le trou de beigne et le trou de mémoire. Un ouvrage documentaire facétieux et fascinant pour petits et grands. Peut servir d'imagier pour les plus jeunes.

4. *Loup noir*, d'Antoine Guilloppé, Duculot.

Un album sans mots avec des illustrations en noir et blanc. Beau et troublant.

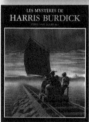

5. *Le Merveilleux de A à Z*, de Pierrette Dubé, illustré par Steve Adams, Fanny, Gabrielle Grimard, Josée Masse et Luc Melanson, Imagine.
Un livre boîte à surprises avec des tableaux à grignoter, des comptines, des documentaires comiques, des jeux, des recettes, des imagiers, des devinettes poétiques, des histoires à compléter...

6. *Le Musée de l'art pour les enfants*, collectif, Phaidon.
Une visite au musée conçue spécifiquement pour les enfants. D'Arcimboldo à Andy Warhol en passant par De Vinci et Picasso. Interactif et captivant.

7. *Les Mystères de Harris Burdick*, de Chris Van Allsburg, L'école des loisirs.
Ce livre devrait être dans toutes les bibliothèques familiales ou personnelles. Des images, une poignée de mots : c'est tout ce qu'il faut pour créer une histoire. Existe également en format géant.

8. *Petit Musée*, images choisies par Alain Le Saux et Grégoire Solotareff, L'école des loisirs.
Un simple imagier pour les tout-petits, une initiation à l'art pour les plus grands.

9. *Peurs, pleurs & petits bonheurs*, de Paule Brière, illustré par Christine Battuz, Les 400 coups.
Un court texte percutant, une image forte, une émotion à deviner. Pour apprivoiser la joie, la peur, la colère...

10. *Princesses oubliées ou inconnues*, de Philippe Lechermeier, illustré par Rebecca Dautremer, Gautier-Languereau.
Une encyclopédie romantique et facétieuse des princesses méconnues. En prime : un guide pratique pour reconnaître les vraies princesses. À partir de six ans.

Six livres pour jouer, rire, bricoler, inventer...

1. *365 blagues*, tome 1, de Fabrice Delage, illustré par E. Jung, F. Ruyer et P. Mugnier, Hemma.
Une blague par jour et autant d'images cocasses. À partir de sept ans.

2. *Le Grand Livre de l'artiste en herbe*, de Fiona Watt, Usborne.
Peintures, pastels, collages, assemblages, points de couture : plus de 400 projets artistiques pour petits et plus grands.

3. *Le Grand Livre des maternelles*, de Ursula Barff, Casterman.
Des centaines d'heures d'activités saines et amusantes. Bricolages, jeux, récits, marionnettes, recettes... Chouette !

4. *Je crée des livres*, de Véronique Guillaume, Casterman.
Comment fabriquer des livres de toutes les formes, toutes les reliures, toutes les couvertures ; en tissu, animés, en éventails, en rouleaux ou en zigzag.

5. *Léon et les superstitions*, d'Annie Groovie, La courte échelle.

Une trentaine de superstitions courantes expliquées et illustrées de manière rigolote. Le héros, Léon le cyclope, est aussi unique qu'irrésistible.

6. *Recettes pour épater : La Bonne Cuisine pour petits et grands*, de Philippe Mollé, illustré par Philippe Béha, Fides.

Des recettes faciles, savoureuses et surtout, au goût des enfants. Le grand chef ajoute ses trucs et secrets, l'illustrateur, Philippe Béha, sa gaieté contagieuse.

Trois bonnes bandes dessinées

1. *Comme un poisson dans l'eau*, de Philippe Coudray, Mango Jeunesse.

Chaque page propose un court scénario mettant en scène l'ours Barnabé et son fidèle ami le lapin. C'est amusant et ça fait réfléchir.

2. *Octave et le cachalot*, de David Chauvel, illustré par Alfred, Delcourt.

Du grand art. Un récit fantastique ancré dans le réel et rempli des peurs et des rêves qui font vibrer tous les enfants.

3. *Les Trois Chemins*, de Lewis Trondheim, illustré par Sergio Garcia, Delcourt.

Au départ, il y a trois héros : le richissime John Mac Mac, la petite Roselita et le robot H. Deuzio. Mais bientôt les trois récits s'entremêlent dans une suite rocambolesque joyeusement imprévisible.

Six albums pour les grands de six ans et plus

1. La Barbe bleue, de Charles Perrault, illustré par Elsa Oriol, Kaléidoscope.

Ce conte écrit il y a plus de trois siècles touche encore filles et garçons. Les illustrations d'Elsa Oriol sont époustouflantes. Moralités de Perrault en prime.

2. Cyrano, raconté par Taï-Marc Le Thanh, d'après l'œuvre d'Edmond Rostand, illustré par Rébecca Dautremer, Gautier-Languereau.

Un des plus beaux textes de la littérature jeunesse contemporaine, magnifiquement mis en images.

3. Les Derniers Géants, de François Place, Casterman Jeunesse.

Un homme achète une énorme dent couverte de gravures étranges. C'est le début d'une aventure inoubliable. À lire à haute voix aux grands de huit ans.

4. Dragon de feu, de Chen Jiang Hong, L'école des loisirs.

Pourquoi les Chinois font-ils la fête après le Nouvel An en faisant danser des dragons de papier ? La réponse est dans cette fabuleuse histoire de dragon.

5. Moi, Dieu merci, qui vis ici, de Thierry Lenain, illustré par Oliver Balez, Albin Michel.

L'histoire belle et troublante d'un homme qui a vécu l'horreur et perdu son pays sans jamais perdre sa bonté et sa foi en l'humanité.

6. *Uma la petite déesse*, de Fred Bernard, illustré par François Roca, Albin Michel.

Une toute petite fille est choisie pour être la nouvelle déesse. Désormais, ses pieds ne doivent plus toucher le sol… Un récit initiatique sur fond d'exotisme.

À compter de six ans :
en route vers la lecture !

À sept ans, les enfants ne savent pas seulement reconnaître les lettres de l'alphabet : ils peuvent maintenant
percer le mystère des mots. De nombreux enfants franchissent allègrement cette étape. Pour d'autres, le pas
est plus douloureux. Avant d'apprendre à décoder les
mots, ces enfants aimaient les livres. Maintenant, ils
n'en sont plus aussi sûrs.

Pourquoi ? Ces jeunes lecteurs maussades sont souvent des enfants intelligents, doués dans une foule d'activités. Ils ont l'habitude de réussir et ils se sentent
grands. Armés de patience, ils arrivent à déchiffrer le
texte de leurs livrets de lecture, mais ce qu'ils ont vraiment envie de lire est trop difficile pour eux. Ils sont
condamnés à décoder des textes simples et courts, une
opération qui, de surcroît, exige d'eux un certain effort.

Lorsque je songe aux jeunes lecteurs dans cette phase précise, je me rappelle mon premier accouchement. On m'avait promis que ce serait une expérience mémorable, et que si j'étais en forme et que je respirais de la bonne façon, tout se passerait bien. J'ai cru que j'allais mourir quand les premières contractions sont apparues. Je ne m'attendais vraiment pas à tant de douleur.

Les enfants qui ont grandi dans un environnement propice à la lecture sont parfois déçus de découvrir qu'apprendre à lire, c'est ardu. Personne ne les avait avertis qu'ils devaient d'abord franchir une étape qui n'est pas toujours amusante. Ils ont alors non seulement besoin d'un pont vivant, mais d'un entraîneur. Quelqu'un qui les encourage à persévérer, à continuer de s'entraîner régulièrement. **La formule de réussite est simple : plus on lit, meilleur on devient.**

Tous les enfants – ou presque – finissent par apprendre à lire. Mais en cours de route, certains décident que oui, se faire raconter des histoires c'était chouette, mais que lire seul ne l'est plus. Si votre enfant traverse cette phase, relisez tranquillement les dix secrets énoncés plus haut. Et rappelez-lui souvent que c'est normal de trouver ça difficile au début.

Pour marquer des buts au hockey, il faut d'abord apprendre à se tenir sur la glace, à avancer sans tomber, puis à patiner le plus vite possible vers le filet. Tout ça demande du temps et beaucoup de pratique. C'est pareil avec les mots. Les déchiffrer, ce n'est pas nécessairement gai au début. On bute, on hésite, on se trompe, on perd le fil et ça prend un temps fou... Mais après, c'est la fête !

Les apprentis lecteurs doivent développer un sentiment de réussite et de compétence. Le mieux, c'est d'opter pour des textes courts conçus spécifiquement pour eux. Des livres qui tiennent compte de leur situation bien particulière : avancés intellectuellement et psychologiquement, mais débutants en lecture.

Ces lecteurs débutants apprécient les gros caractères, les phrases courtes, les paragraphes courts et, s'il y a lieu, les chapitres courts. Plus un enfant tourne les pages d'un livre rapidement, moins il a l'impression de piétiner. Et dès qu'il franchit clairement une étape, la fin d'un chapitre par exemple, il se sent encouragé. Le choix du vocabulaire est plus important dans ces textes destinés aux lecteurs débutants que dans les albums pour les plus jeunes. **L'opération décodage réclame trop d'énergie pour qu'en plus ils doivent buter sans cesse sur des mots nouveaux.**

Les livres conçus pour les apprentis lecteurs doivent tenir compte de plusieurs contraintes – longueur du texte, choix de vocabulaire, structure de phrase... –, mais ils ne peuvent pas pour autant se dispenser d'être captivants. **Lorsque l'opération décodage s'avère un** peu douloureuse, l'exercice est moins souffrant avec un texte passionnant.

Ne poussez pas trop votre apprenti lecteur à lire des textes de plus en plus longs. À cet âge, pour apprécier leurs lectures, les enfants ont besoin de s'attaquer à des textes qui ne sont pas trop difficiles. **Si, dès qu'il commence à se sentir un peu à l'aise, un enfant est encouragé à passer à un texte plus exigeant, il risque de s'essouffler.** L'urgence n'est pas de lire le plus de mots le plus vite possible, mais d'acquérir rapidement un sentiment de compétence pour que lire demeure un plaisir. De là l'importance de le laisser lire des textes qui correspondent à ses habiletés de lecture du moment.

MENU ALLÉCHANT POUR LECTEURS RÉCALCITRANTS

Une fois franchie l'étape des toutes premières lectures, où le texte est réduit à quelques lignes sous une image, les enfants ont accès à une grande diversité de courts récits illustrés. **Certains lecteurs, des garçons le plus souvent, se transforment alors en lecteurs récalcitrants. Ils parviennent à tout décoder sans trop de difficulté, mais lire représente un effort qui ne vaut pas suffisamment la peine à leurs yeux.** La sélection est particulièrement délicate dans leur cas et il faut parfois être un peu astucieux pour que le déclic ait lieu.

Les éditions Dominique et compagnie (non, ce n'est pas ma compagnie !) ont conçu la collection « À pas de loup » pour les lecteurs débutants. Abondamment illustrés, en couleurs, ces livres sont répartis en plusieurs niveaux de difficulté. La série *Trop... amoureux !*, *Trop... bavarde !*, *Trop... timide !*, etc. de Danielle Vaillancourt, illustrée par Marie-Claude Favreau, est très appréciée des plus jeunes. Plusieurs autres séries méritent également le détour. Les Éditions du Renouveau pédagogique (ERPI) offrent également des livres de première lecture accessibles et bien illustrés, écrits par des auteurs québécois reconnus : Danielle Simard, Robert Soulières, Gilles Tibo...

L'amarrage avec une série télévisée peut s'avérer efficace. Plusieurs héros de bande dessinée existent également au petit écran. Parce qu'il est déjà attaché au personnage et qu'il part de quelque chose de connu, le lecteur récalcitrant sera peut-être plus facilement interpellé. Consultez votre libraire, il pourra vous faire des suggestions.

Les apprentis lecteurs sont à l'âge des collections et des échanges. *J'aime lire* a été inventé pour eux. Les enfants de 7 à 10 ans y retrouvent tous les mois une nouvelle histoire illustrée présentée en format magazine. Ils sont heureux de renouer avec les mêmes héros et de reconnaître le style de l'auteur comme de l'illustrateur. La plupart des courts romans pour lecteurs débutants sont également présentés sous forme de série, avec un héros qui revient d'un titre à l'autre. Lorsqu'un enfant s'attache au personnage principal, il peut facilement lire douze titres d'affilée.

Une série comme celle de *Geronimo Stilton* est un bel exemple de livres conçus pour séduire les plus récalcitrants. En plus des illustrations couleur, qui servent d'ancrages visuels tout au long du texte, le lecteur peut compter sur des fantaisies typographiques qui fonctionnent comme autant de petites récréations dans un même paragraphe.

De nombreuses autres initiatives méritent d'être saluées. *Bienvenue chez BigBurp* d'Élise Gravel, par exemple, aux éditions Imagine – un croisement entre le récit illustré et la bande dessinée – ou *Capitaine Static* d'Alain M. Bergeron et Sampar, chez Québec Amérique – mi-roman, mi-bande dessinée d'aventure et d'humour. À La courte échelle, Annie Groovie amuse et étonne avec sa série *Délirons avec Léon !* qui réunit des tours, des tests, des inventions, des blagues, des bandes dessinées, des jeux, des devinettes…

N'hésitez pas à consulter votre libraire ou votre bibliothécaire pour vous aider à trouver d'autres livres susceptibles de séduire les jeunes lecteurs les moins enthousiastes. Et **n'oubliez pas de fureter du côté des documentaires, des livres pratiques et des magazines.** Ces derniers sont particulièrement efficaces. **Les jeunes** adorent recevoir un magazine à leur nom, par la poste, chaque mois, ce qui par ailleurs contribue à développer des habitudes de lecture régulières. Les magazines traitent d'une foule de différents sujets, leurs héros sont très près de la bande dessinée, les textes sont découpés en petites bouchées faciles à avaler, l'illustration est omniprésente et chaque magazine s'adresse à un groupe d'âge bien déterminé. Pour toutes ces raisons, les lecteurs récalcitrants initiés à ce type de lecture en redemandent.

LIRE À DEUX VOIX

Les lecteurs débutants qui aiment déjà se faire raconter des histoires et explorer toutes sortes de livres supportent mieux ce passage où lire est un effort. Ne les abandonnez surtout pas. **Ce n'est pas parce qu'ils savent lire trois phrases d'affilée qu'ils n'ont plus envie de se faire raconter des histoires.** Tous les êtres humains normalement constitués apprécient qu'on leur fasse la lecture à haute voix. Si votre enfant en manifeste le désir, continuez de lui lire ses albums préférés ou encore lisez-lui à haute voix des textes plus longs.

Les premiers livres que j'ai écrits sont de courts romans inspirés des tribulations d'Alexis, le plus turbulent de mes trois enfants : *Valentine Picotée*, *Toto la Brute*, *Marie la Chipie*... Depuis, j'ai recueilli les confidences de nombreux parents et enseignants qui ont lu ces courts romans à haute voix à des enfants de six ou sept ans qui n'étaient pas encore assez autonomes en lecture pour les lire seuls. L'activité remporte toujours beaucoup de succès et les enfants découvrent ainsi ce à quoi ils auront accès s'ils ne se découragent pas.

On peut lire à haute voix toutes sortes de textes, qu'ils soient illustrés ou pas. Un « psycho-test » amusant dans un magazine, un documentaire sur le moto-cross, la courte biographie d'une idole… Mais **on peut aussi lire AVEC eux.** La lecture assistée, également appelée « lecture partagée » ou « lecture à deux voix », constitue un autre beau moment de complicité dans la vie d'un adulte et d'un enfant. Rien de sorcier ! On lit à haute voix chacun son tour. Après quelques phrases ou quelques paragraphes, selon leur degré d'autonomie en lecture, les enfants sont contents de s'offrir une pause pendant qu'un plus grand prend le relais et ils sont également très fiers de lire à haute voix à leur tour.

La lecture partagée existe depuis longtemps. Des générations de parents l'ont pratiquée sans qu'on ait à le leur suggérer. Depuis quelques années, les mérites de cette activité sont mieux reconnus, si bien qu'on tente de l'appliquer en salle de classe. Toutefois, la lecture partagée dans un contexte plus intime – un adulte avec un enfant ou deux –, c'est encore plus agréable... et profitable !

Les apprentis lecteurs manquent de souffle au début. Ils se fatiguent vite et se découragent facilement. **La lecture assistée permet aux enfants de devenir de plus en plus habiles et autonomes sans que ce soit trop pénible et en conservant plusieurs aspects agréables et réconfortants du rituel de l'histoire racontée.**

La lecture assistée peut débuter très tôt. Les enfants d'âge préscolaire sont heureux de reconnaître des mots-clés dans un texte et de les « lire » au bon moment. À cet âge, le piège consiste à transformer un moment de loisir en période d'enseignement. Plus tard, un autre piège guette les parents. Souvent, dans les Salons du livre, les mamans et les papas m'annoncent fièrement qu'ils ont lu à haute voix **tous** les romans de la série Mlle Charlotte à leur enfant. C'est un peu dommage. Mieux vaut les laisser un peu sur leur faim afin qu'ils soient éventuellement motivés à lire seuls.

QUINZE SUGGESTIONS IRRÉSISTIBLES POUR LECTEURS DÉBUTANTS

(Les titres sont présentés par ordre croissant de difficulté de lecture.)

1. *Trop… timide!*, de Danielle Vaillan-court, illustré par Marie-Claude Favreau, Dominique et compagnie.

Un titre vedette d'une série vedette pour ceux qui en sont à déchiffrer leurs tout premiers textes. À raconter avec autant de plaisir.

2. *Bas les pattes, pirate!*, de Mymi Doi-net, illustré par Mathieu Sapin, Nathan.

Conçu pour la lecture partagée. Un grand lit le texte, puis un lecteur débutant s'attaque aux dialogues dans les bulles. Génial!

3. *Le Sixième Arrêt*, d'Hélène Vachon, illus-tré par Yayo, Dominique et compagnie.

Avec un héros comme Somerset, une simple balade en autobus se transforme en périple extraordinaire. Délirant!

4. *Lili se fait piéger sur Internet*, de Do-minique de Saint-Mars, illustré par Serge Bloch, Calligram.

Une super bande dessinée en petit format. Des héros drôles et attachants, des thématiques près des enfants.

5. *L'ABC du roi Léon*, de Jean-Pierre Davidts, illustré par Claude Cloutier, Boréal Jeunesse.

Léon le roi lion s'interroge : le mot « anniversaire » s'écrit-il avec un ou deux n ? Il n'en faut pas plus pour démarrer l'aventure…

6. *Le Génie du lavabo*, de Carole Tremblay, illustré par Anne Villeneuve, Dominique et compagnie.

Un pur fantasme : posséder une télécommande pour baisser ou carrément éteindre la voix de sa mère. Désopilant.

7. *Mademoiselle Zazie a-t-elle un zizi ?*, de Thierry Lenain, illustré par Delphine Durand, Nathan.

Un duo du tonnerre. Un sujet accrocheur. Une belle réussite.

8. *Alex et la belle Sarah*, de Gilles Tibo, illustré par Philippe Germain, Dominique et compagnie.

Histoire d'amour sur fond de hockey. Impossible d'y résister !

9. *Zzzut !*, d'Alain M. Bergeron, illustré par Sampar, Soulières éditeur.

Un coup de cœur des jeunes lecteurs. À l'heure de sa présentation orale, Dominic s'enferme dans les toilettes. Pourquoi ? La réponse est dans le livre.

10. *La Bataille des mots*, de Gilles Tibo, Soulières éditeur.
Le Pou, un doux, est pris au piège par le Guerrier, un dur. Ses armes ? L'orthographe et les mathématiques. Imbattable.

11. *David et le fantôme*, de François Gravel, illustré par Pierre Pratt, Dominique et compagnie.
Récit réussi, suspens garanti, sueurs froides en prime.

12. *Le Monstre du mercredi*, de Danielle Simard, Soulières éditeur.
Une série québécoise adorée des enfants. Tous les titres sont populaires et cette histoire d'intimidation est particulièrement réussie.

13. *Mon prof est une sorcière*, d'Élaine Turgeon, illustré par Marie-Claude Favreau, Québec Amérique.
Philippe a-t-il raison de croire que Samantha, son professeur, est un peu sorcière ? Les indices s'accumulent au fil des pages. Rigolo.

14. *Noémie, le secret de Madame Lumbago*, de Gilles Tibo, illustré par Louise-Andrée Laliberté, Québec Amérique.
Une histoire de trésor. L'héroïne a sept ans et trois quarts et sa grande amie, Madame Lumbago, dix fois son âge. Grand coup de cœur des jeunes lecteurs.

15. *Le Sourire de Mona Sourisa*, de Geronimo Stilton, Albin Michel.
Le héros est une souris docteur en rongéologie et directeur d'un grand quotidien. Il collectionne les croûtes de parmesan, joue au golf et invente de fabuleuses histoires illustrées de manière… inusitée !

Deux suggestions en prime pour les mieux aguérris

1. *Lettres d'amour de 0 à 10*, de Susie Morgenstern, L'école des loisirs.
Ernest, 10 ans, a perdu sa mère à la naissance, puis son père a disparu. Il mène une vie terne auprès de sa grand-mère jusqu'à ce que Victoire de Montardent débarque dans son existence.

2. *35 kilos d'espoir*, d'Anna Gavalda, Bayard.
Les parents adorent déjà Anna Gavalda. Son roman pour enfants débute ainsi: «Je hais l'école. Je la hais plus que tout au monde. Et même plus que ça encore… Elle me pourrit la vie.» Dur à battre!

Dans les coulisses de la création:
les livres que j'ai écrits

Si je n'ai jamais osé rêver d'écrire pour les enfants, c'est sans doute parce que j'ai longtemps exercé le métier de critique de littérature jeunesse. Chaque fois que je tombais sur un livre vraiment bon, un de ces livres qui nous transportent, nous ensoleillent et parfois même nous illuminent, je me disais: « Qui suis-je pour me mesurer à ces grands écrivains? Comment pourrais-je jamais écrire un livre aussi beau? » Souvent aussi, je refermais un livre tristement ordinaire en songeant que je serais bien déçue de produire un livre de plus condamné à être oublié peu après sa sortie de l'imprimerie.

Et puis un jour, j'ai inventé une petite histoire pour mes trois enfants. Simon, l'aîné, m'a fortement encouragée à la soumettre à un éditeur. C'était *Valentine Picotée*, un roman pour lecteurs débutants. C'est ainsi que je suis devenue écrivaine. Par la suite, j'ai également écrit pour les adolescents, les adultes et les préadolescents. J'ai attendu plus de dix ans avant d'oser m'attaquer à l'immense défi d'écrire le texte d'un album pour enfants. Depuis *Vieux Thomas et la petite fée*, j'ai signé plusieurs autres albums.

Peut-être trouverez-vous votre propre coup de cœur ou celui de votre enfant parmi un des livres que j'ai écrits. J'en serais très honorée…

Pour les tout-petits

Oupilaille et le poil du dragon, illustré par Manon Gauthier, Imagine. Également : *Oupilaille et le vélo rouge*
Sans doute mon personnage le plus autobiographique. Pour les enfants de 3 ans et plus.

Des histoires à poursuivre

Le Secret de Petit Poilu, illustré par Steve Beshwaty, Imagine.
Également : *Petit Poilu chez les pioufs*
Cette histoire, inspirée de mon chien Poucet (deux kilos !), s'inscrit dans la tradition du merveilleux fantastique. Les enfants sont invités à inventer une suite.

La naissance, la vie, l'amour

La Plus Belle Histoire d'amour, illustré par Philippe Béha, Imagine.
J'ai écrit ce livre en songeant à mes trois enfants et en sachant que tous les enfants du monde adorent se faire raconter leur naissance, cette merveilleuse histoire d'amour dont ils sont le héros.

Des livres vraiment drôles

Pétunia, princesse des pets, illustré par Catherine Lepage, Dominique et compagnie.

Gratien Gratton, prince de la Gratouille, illustré par Fil et Julie, Dominique et compagnie.

J'ai toujours cru que l'humour était une formidable manière de faire comprendre aux enfants que lire rend heureux. Pétunia et Gratien sont vraiment drôles.

Un conte classique

Boucle d'Or et les trois ours, illustré par Joanne Ouellet, Imagine.

Je devais choisir un conte, puis trouver les mots pour le raconter de ce qui me semblait être la meilleure manière. J'ai choisi ce grand conte fondateur qui plaît aux enfants dès 3 ans.

Un classique contemporain

Tous les soirs du monde, illustré par Nicolas Debon, Imagine.

De tous les textes que j'ai écrits, c'est peut-être, à mon humble avis, le plus réussi…

Trois albums merveilleusement illustrés sur fond de mer

Vieux Thomas et la petite fée, illustré par Stéphane Poulin, Dominique et compagnie. Également : *Annabel et la Bête* et *L'Oiseau des sables*

Le premier, je l'ai écrit d'une traite. Sans doute dormait-il dans ma tête depuis longtemps. Je tenais absolument à ce qu'il soit illustré par Stéphane Poulin et j'étais prête à attendre qu'il soit libre. Stéphane m'a fait l'honneur de le mettre en images. Et de poursuivre l'aventure.

Une histoire de Noël

Pour Noël, Damien veut un chien, illustré par Hélène Desputeaux, Les 400 coups.

Une histoire que j'ai d'abord inventée pour mes propres enfants. Ensuite, nous y avons tellement cru que nous avons adopté un vrai gros chien.

Série Le Zloukch

Le Zloukch, illustré par Fanny, Les 400 coups. Également : *Zachary et son Zloukch, Le Gloubilouache* et *Le Cornichonnet gaffeur*

J'avais un but avoué : faire l'éloge de l'imaginaire et aider les enfants à croire en eux-mêmes.

Albums de première lecture

Des histoires toutes simples pour apprivoiser la lecture.

Le Monde des grands, illustré par Philippe Germain, ERPI.

Géant, tu ne me fais pas peur ! illustré par Marisol Sarrazin, ERPI.

Le Clip de Cendrillon, illustré par Christine Battuz, ERPI.

Perline Pompette, illustré par Marie-Claude Favreau, Dominique et compagnie.

La Pire Journée de Papi, illustré par Daniel Dumont, Dominique et compagnie.

Petits romans pour les 7 à 9 ans

Poucet le cœur en miettes, illustré par Steve Beshwaty, Dominique et compagnie. Également : *Le Chien secret de Poucet*

J'ai inventé cette histoire alors que j'avais très envie d'adopter un chien de poche. Plus tard, j'ai craqué et depuis, j'ai un minichien bien vivant qui s'appelle Poucet.

Courts romans pour les 8 à 10 ans

Série Alexis

Valentine Picotée, illustré par Philippe Béha, Québec Amérique. Également : *Toto la Brute, Léon Maigrichon, Roméo Lebeau, Marie la chipie* et *Alexa Gougougaga*.

La série est inspirée de mon fils Alexis, qui a vécu sa première passion amoureuse à six ans ! Comme cette aventure n'a pas si bien fini dans la vie, j'ai eu envie de changer le cours de l'histoire dans le roman.

Et pour les plus grands...

Romans pour les 8 à 12 ans

Série Mlle Charlotte

La Nouvelle Maîtresse, Québec Amérique. Également: *La Mystérieuse Bibliothécaire, Une bien curieuse factrice, Une drôle de politicienne, L'Étonnante Concierge* et *La Fabuleuse Entraîneuse.*

Et aussi: *La Nouvelle Maîtresse* (livre-CD), illustré par Tony Ross, Québec Amérique.

Un jour, une vieille dame très grande et très mince coiffée d'un drôle de chapeau est venue faire du camping dans ma tête. Pour m'en débarrasser, j'ai écrit son histoire. Mais elle est revenue...

Romans pour adolescents

Série Marie-Lune

Un hiver de tourmente, Québec Amérique. Également: *Les Grands Sapins ne meurent pas* et *Ils dansent dans la tempête.*

J'ai raconté mon premier amour et le décès de ma mère. Après, j'ai inventé une suite qui n'est pas autobiographique.

Ta voix dans la nuit, Québec Amérique.

Une histoire d'amour et de rejet qui est aussi un hommage à *Cyrano de Bergerac*, ce magnifique texte éternellement moderne.

Série Maïna

Maïna, L'appel des loups, Québec Amérique.
Également : *Maïna, Au pays de Natak*.
De tous les voyages de ma vie, mon plus beau est celui que j'ai fait avec Maïna, une jeune fille qui vivait sur le même sol que nous il y a plus de 2000 ans.

La Grande Quête de Jacob Jobin, Tome 1 – L'Élu, Québec Amérique.
L'histoire prend naissance dans la réalité. Un adolescent cherche un sens à sa vie après la mort de son frère. Et soudain, tout bascule : fées, sorciers, elfes, dragons…

Romans pour adultes

Le Pari, Québec Amérique.
Mon premier « vrai » roman pour adultes. L'histoire d'un véritable pari entre deux médecins au sujet de la survie d'une patiente.

Marie-Tempête, Québec Amérique.
Parce que les adultes les lisaient en cachette, mon éditeur a réuni les trois romans de la série Marie-Lune sous une couverture destinée aux adultes.

Pour rallumer les étoiles, Québec Amérique.
Une nouvelle saison dans la vie de Marie-Lune devenue adulte. Ce roman est écrit à l'intention des adultes, cette fois.

Maïna, Québec Amérique.
Depuis sa toute première édition, Maïna existe en deux tomes pour adolescents. Ils sont réunis en un seul pour les adultes. Il s'agit du même texte, toutefois.

Là où la mer commence, Robert Laffont.
Je n'ai jamais été aussi heureuse qu'en écrivant ce roman. Ce fut pour moi un voyage parfait.

Les douze questions le plus souvent posées par les parents

Je fais tout ce que je peux pour que mes deux enfants aiment lire. Ça fonctionne avec l'aîné, mais avec l'autre pas du tout. Qu'est-ce qui cloche?

Peut-être faites-vous appel aux mêmes livres et aux mêmes stratégies, alors que vos enfants sont des lecteurs très différents. Si l'un se passionne autant et l'autre pas du tout, le premier est sans doute un lecteur typique, près des mots et du langage, alors que l'autre est davantage visuel.

Évitez de réunir vos deux enfants lors d'activités autour de la lecture: histoire racontée, choix de livres, lecture partagée, visite à la bibliothèque ou à la librairie. Les enfants se comparent entre eux et lorsqu'un enfant réussit mieux dans un secteur, l'autre démissionne parfois. Tentez d'accorder à votre enfant récalcitrant un statut d'enfant unique pour les activités de lecture.

Surtout, n'insistez pas trop. Les enfants nous trouvent un peu suspects sinon lourds lorsque nous nous donnons trop clairement un cheval de bataille. Sans abandonner, donnez-lui du temps et, tout en restant alerte, ne vous inquiétez pas trop.

Question 2.

Mon enfant préfère jouer seul ou regarder la télévision au lieu de se faire raconter des histoires. Devrais-je l'obliger?

Si votre enfant n'a pas envie d'ouvrir un livre, ne le forcez surtout pas. Lisez devant lui, plutôt. Le documentaire que vous souhaitiez lire avec lui ou un livre juste pour vous. Vos gestes lui rappelleront que lire peut être agréable.

Ne vous découragez pas. Continuez d'emprunter des livres pour lui à la bibliothèque, toujours en fonction de ses goûts et en profitant bien des conseils d'un bibliothécaire. Laissez ces livres traîner un peu partout et feuilletez-les vous-même.

Lire et même se faire raconter une histoire constituent des activités moins passives, plus engageantes et exigeantes que de regarder la télévision. Lire, c'est comme marcher. Regarder la télévision, c'est comme rester assis. Il faut parfois se forcer un peu pour sortir dehors et faire une promenade à pied, mais au retour, on est tellement content !

Les enfants ont parfois besoin d'un petit coup de pouce pour aller jouer dehors comme pour lire. Réglementer les heures de télévision peut être très efficace. Si, par exemple, entre 18 heures et 20 heures tous les jours, les écrans sont éteints, on finit par s'ouvrir à d'autres activités.

Question 3.
Ma fille refuse que je lui lise autre chose que des livres de princesse, dois-je l'accepter ?

Elle aime les livres ? Tant mieux. De plus, elle connaît ses goûts, ce qui est merveilleux. Bien sûr, on peut souhaiter qu'elle élargisse ses horizons pour s'épanouir davantage, mais elle le fera à son rythme. Si les princesses la passionnent, c'est normal qu'elle réclame toujours des livres de princesse.

A-t-elle d'autres passions ? Les fillettes qui rêvent de princesses sont souvent romantiques. Des livres avec un thème sentimental lui plairont peut-être également. Il existe d'excellents documentaires pour enfants sur le Moyen Âge ou les châteaux-forts. Le merveilleux féerique, avec les fées, les elfes et les sorciers, pourrait aussi l'intéresser. On peut trouver de très bons documentaires fantaisistes sur le sujet. Les contes de fées sont également susceptibles de lui plaire. Et une foule de livres d'activités ayant pour thèmes les princesses ou la féerie.

Bonnes lectures !

Question 4.
À huit ans, Félix-Antoine ne lit que des bandes dessinées. Comment puis-je le sortir de là ?

Il n'a surtout pas à en sortir ! C'est formidable qu'il aime la bande dessinée. Les lecteurs de BD apprécient une lecture active. La bande dessinée célèbre le mouvement : mouvement de l'œil pour lire et actions dans la narration. À la linéarité prévisible, elle préfère le désordre et la surprise, ce qui ravit certains lecteurs. En examinant les caractéristiques d'une bande dessinée, on constate rapidement que ce n'est pas un sous-genre et qu'un amateur peut s'amuser longtemps et très intelligemment.

Félix-Antoine ne sera peut-être jamais un lecteur gourmand de romans. Mais il pourrait éventuellement apprécier plusieurs bons récits d'aventure et d'action, des recueils de nouvelles, des ouvrages pratiques sur des sujets qui le fascinent et des ouvrages documentaires avec des textes courts abondamment illustrés.

Certains livres hybrides mêlent la bande dessinée et le récit plus linéaire. C'est parfait pour Félix-Antoine.

Gageons qu'il craquerait pour *Capitaine Static* en lecture autonome ou assistée, et il a bien des chances d'adopter Geronimo Stilton, surtout en version « de luxe », comme *Le Secret du courage* agrémenté de nombreuses parenthèses fantaisistes illustrées.

Question 5.
Que pensez-vous des livres pour enfants qui abordent des problématiques précises comme la mort d'un proche, les troubles de comportement ou le pipi au lit?

Les livres aident à mieux grandir. Ils nous permettent de mieux nous comprendre et d'appréhender la vie avec un regard plus éclairé. Des éditeurs pour enfants ont créé des collections de livres pour répondre à certains besoins précis : aider les enfants à augmenter leur estime de soi, par exemple. Il existe des albums pour aborder l'homosexualité d'un parent ou le cancer d'un enfant, pour apprivoiser la mort d'un proche ou un divorce. Dans les meilleurs cas, la problématique est abordée dans une histoire forte et le livre constitue une œuvre véritable et non un prétexte pour enseigner ou expliquer quelque chose.

On peut toutefois apprécier d'avoir sous la main ou de connaître l'existence d'un livre qui a été conçu spécifiquement pour parler d'un sujet un peu difficile ou pointu. Un exemple ? *Hou ! hou ! Simon !*, qui porte sur les déficits d'attention, aux éditions Boomerang. Ou encore la série « Les petits bobos de la vie », chez Grasset, où il est aussi bien question de séparation ou de jalousie que d'oreilles décollées !

Question 6.
Peut-il être trop tard pour commencer à donner le goût de lire à son enfant ?

Jamais ! J'ai travaillé avec des enseignants qui, à quelques années de la retraite, admettaient n'avoir jamais eux-mêmes intégré la lecture à leurs activités personnelles. Avec des propositions de livres adaptées à leurs goûts et leurs intérêts, ils ont découvert qu'ils aimaient lire à 50 ans. Il n'y a pas de cas irrécupérable, seulement des personnes qui ont des goûts plus particuliers ou qui tombent amoureuses un peu plus difficilement. Il ne faut jamais oublier que tout le monde peut aimer lire, mais pas les mêmes livres. Une fois cette vérité admise, on peut jouer les entremetteurs en n'oubliant jamais de demander l'aide des experts, bibliothécaires ou libraires.

Question 7.
Ma fille adorait lire, mais depuis un an, elle a perdu son intérêt. Comment puis-je l'aider ?

Nous traversons tous des saisons dans notre vie. J'ai vécu des périodes où je lisais beaucoup moins. Souvent, c'est parce que j'avais été déçue à répétition par des livres fades. Ou encore parce que j'étais prise par un projet ou une passion qui me prenait toute mon énergie. Le soir venu, je m'installais devant une émission de télévision qui ne sollicitait ni mon cœur ni mon cerveau.

J'ai trouvé des façons de mieux vivre ces saisons, entre autres en ayant toujours une banque de suggestions de lecture dans mon sac à dos (je n'ai pas de sac à main…) et en me donnant comme objectif de consacrer un minimum de dix minutes tous les jours à une lecture plaisir. Les livres restent ainsi toujours présents dans ma vie. Si vous-même développez cette habitude, votre fille ne pourra pas totalement oublier que lire rend heureux. Et elle y reviendra.

Question 8.
Mon enfant veut seulement se faire lire des histoires, il refuse de lire lui-même. Que dois-je faire?

Continuez de lui faire la lecture, mais invitez-le aussi à des séances de lecture partagée. Au début, ne vous attendez pas à ce qu'il lise autant que vous. Demandez-lui seulement de prendre la relève pour vous permettre de vous reposer un peu. Puis encouragez-le à augmenter graduellement sa participation.

Votre enfant apprécie sûrement votre présence. Choisissez aussi des livres documentaires ou des livres-jeux et explorez-les ensemble. Vous pourriez commencer avec des devinettes illustrées : *Comment chat s'appelle ?* aux éditions du Raton Laveur, par exemple.

Aidez-le aussi à s'amuser en lisant à haute voix (voir page 213). Optez pour des livres qui ne sont pas trop difficiles et qui lui plaisent beaucoup. Relire un album qu'on a beaucoup aimé en faisant des voix peut être divertissant. Pour le reste, faites-lui confiance et ne mettez pas trop de pression.

Question 9.

Devrais-je intervenir auprès de l'enseignant de mon enfant si je souhaite faciliter les apprentissages de lecture de mon enfant ?

Si tout va bien, n'essayez pas d'en faire davantage. Votre enfant a son enseignant et ses parents. Ce sont les enseignant qui sont responsables d'enseigner la lecture et la langue. Vous avez la tâche la plus amusante : transmettre le goût de lire. Profitez-en !

Lorsqu'un enfant éprouve des difficultés, l'enseignant et les parents ont avantage à faire équipe. Faites confiance à cet enseignant. Rappelez-vous que sa tâche est sans doute lourde – les meilleurs se sentent souvent dépassés – et offrez-lui votre appui. Dites-lui que vous êtes prêt à participer et demandez-lui de vous indiquer la meilleure façon de le faire.

Question 10.

Mon fils réussit bien à l'école et n'a aucune difficulté d'apprentissage en lecture, mais il trouve que lire, c'est « pénible ». Que se passe-t-il ?

Votre fils est normal. Le travail de décodage est un peu pénible, surtout au début. Personnellement, j'éprouve le même problème en activités physiques. La période d'apprentissage technique dans un nouveau sport m'horripile. Je suis comme un enfant : je voudrais m'amuser TOUT DE SUITE.

En pareil cas, il faut tenter d'atteindre la phase de plaisir le plus rapidement possible. Votre fils appréciera peut-être la lecture partagée. Il vivra moins de frustration en ne décodant pas tout lui-même à un rythme lent et, pendant que vous lirez, s'il suit le texte avec vous, il continuera à développer ses habiletés de lecture. Gâtez-le en choisissant des livres qui lui plaisent beaucoup. Un saut en librairie où vous profiterez des conseils d'un libraire peut être extrêmement utile à cette étape. Une visite à la bibliothèque également.

Question 11.

Est-ce possible que mon enfant n'aime pas lire parce qu'il éprouve des difficultés d'apprentissage en lecture réclamant l'aide d'un spécialiste ?

Un enfant souffrant de dyslexie a besoin de plus qu'un bon livre bien présenté pour aimer lire. Les enseignants sont formés pour pouvoir repérer les enfants requérant l'aide d'un orthopédagogue ou d'un orthophoniste, par exemple. Dans tous les cas, la coopération parentale est un atout aussi bien pour signaler un problème que pour participer à la solution. Si vous remarquez que votre enfant éprouve des difficultés particulières, parlez-en à son enseignant. En cas de doute, il fera appel à un comité d'experts qui pourra suggérer le meilleur type d'intervention. Soyez vigilants et offrez votre aide, mais faites confiance aux enseignants et à leurs collaborateurs. Ils sont là pour ça !

Question 12.

Mon conjoint ne lit pas. Est-ce utopique d'espérer que mon enfant aime lire quand même ?

Êtes-vous sûr que votre conjoint – ou votre conjointe – ne lit pas ? Est-ce possible qu'il lise des documents de travail, des journaux, des magazines ? Les enfants adorent imiter les grands. Qu'un parent lise des romans ou des feuilles imprimées ne change pas grand-chose pour lui. Ce qui compte, c'est que son parent lise devant lui et qu'il semble apprécier cette activité. C'est ÇA qui est attirant pour un enfant.

Sinon, si votre conjoint ne lit vraiment à peu près rien, c'est comme s'il ne pratiquait aucun sport, disons.

Si vous-même initiez votre enfant à des activités sportives, il y a de bonnes chances qu'il finisse par pratiquer un ou plusieurs sports. Deux parents convaincus, c'est toujours préférable, mais un seul peut être efficace aussi.

Pourquoi ne pas profiter de votre désir de transmettre le goût de lire à votre enfant pour contaminer votre amoureux ou votre amoureuse en même temps ? Relisez les dix secrets de la page 27 en pensant à lui ou à elle. Et invitez-le à raconter des histoires à votre enfant, seul ou en votre compagnie. Faire des voix d'ours et de petite lapine à deux, c'est toujours mieux !

Livres cités

35 kilos d'espoir, d'Anna Gavalda, Bayard Jeunesse, coll. « Estampille ».

50 ans, et après ?!, d'Éric Dudan, Timée-Éditions, coll. « Beaux livres ».

50 surprises au pays des dragons, de Jean-Luc Bizien, illustré par Emmanuel Chaunu, Gründ, coll. « 50 surprises ».

100 comptines, Henriette Major, illustré par Christiane Beauregard, Fidès, coll. « Jeunesse ».

365 blagues, tome 1, de Fabrice Lelarge, illustré par E. Jung, F. Ruyer et P. Mugnier, Hemma, coll. « 365 blagues ».

400 voyages de rêve, collectif, National Geographic France.

1001 activités autour du livre, de Philippe Brasseur, Casterman, coll. « Activités – Loisirs »

A.A. aime H.H., de Patti Farmer, illustré par Daniel Sylvestre, Scholastic.

L'ABC du roi Léon, de Jean-Pierre Davidts, illustré par Claude Cloutier, Boréal Jeunesse, coll. « Maboul ».

Aboie, Georges !, de Jules Feiffer, L'école des loisirs, coll. « Pastel ».

Africa Trek, de Sonia et Alexandre Poussin, Pocket, coll. « Documents et essais ».

L'Agenda de l'apprenti écrivain, de Susie Morgenstern et Theresa Bronn, De la Martinière jeunesse.

L'Agenda de l'apprenti illustrateur, de Claude Lapointe et Sylvette Guindolet, De la Martinière jeunesse.

J'ai un problème avec ma mère, écrit et illustré par Babette Cole, Gallimard Jeunesse, coll. « Folio Benjamin ».

L'Album d'Adèle, de Claude Ponti, Gallimard Jeunesse, coll. « Albums Gallimard Jeunesse ».

Alex et la belle Sarah, de Gilles Tibo, illustré par Philippe Germain, Dominique et compagnie, coll. « À pas de loup ».

Alice au pays des merveilles, de Lewis Caroll, Gründ.

Les Aliments, de Charline Zeitoun, illustré par Peter Allen, Mango Jeunesse, coll. « Kézako ? ».

Allez, hop, Jean-Guy! de Danielle Vaillancourt, illustré par Marie-Claude Favreau, Les 400 coups, coll. « Grimace ».

L'Amoureux de ma mère, d'Anne Fine, L'école des loisirs, coll. « Medium poche ».

Angèle, la gentille araignée, de Guido Van Genechten, Autrement Jeunesse, coll. « Albums Jeunesse ».

Annabel et la Bête, de Dominique Demers, illustré par Stéphane Poulin, Dominique et compagnie.

Anne… La Maison aux pignons verts, de Lucy Maud Montgomery, Québec Amérique, coll. « Format Compact ».

L'Arbre généreux, de Shel Silverstein, L'école des loisirs, coll. « Albums ».

Arc-en-ciel, le plus beau poisson des océans, de Marcus Pfister, Nord-Sud, coll. « Un livre d'image Nord-Sud ».

L'Art d'être grand-mère, de Claude Aubry et Claire Laroche, Horay, coll.« Bibliothèque de la famille ».

Attends que je t'attrape!, écrit et illustré par Tony Ross, Gallimard Jeunesse, coll. « Folio Benjamin ».

Au revoir Blaireau, de Susan Varley, Gallimard Jeunesse, coll. « Folio benjamin ».

À quoi ça sert, une maman?, d'Émile Jadoul, illustré par Catherine Pineur, L'école des loisirs, coll. « Pastel ».

L'Avaleur de sable, de Stéphane Bourguignon, Québec Amérique, « Format compact ».

Les Aventures de Pinocchio, de Carlo Collodi, illustré par Roberto Innocenti, Gallimard Jeunesse, coll. « Albums Junior ».

La Barbe bleue, de Charles Perrault, illustré par Elsa Oriol, Kaléidoscope.

Bas les pattes, pirate ! de Mymi Doinet, illustré par Mathieu Sapin, Nathan, coll. « On lit ensemble ».

La Bataille des mots, de Gilles Tibo, Soulières, coll. « Ma petite vache a mal aux pattes ».

Beach music, de Pat Conroy, Albin Michel.

Bébés chouettes, de Martin Waddell, illustré par Patrick Benson, Kaléidoscope.

La Belle et la Bête, de Madame Leprince de Beaumont, plusieurs versions.

La Bernache, de Sylvie Roberge et Michel Noël, illustré par Claude Thivierge, Dominique et compagnie, coll. « Curieux de savoir. La nature ».

La Bibliothèque des enfants. Des trésors pour les 0 à 9 ans, de Dominique Demers, Québec Amérique, coll. « Explorations ».

Bienvenue chez BigBurp, d'Élise Gravel, Imagine.

Les Bobos, de Benoît Delalandre, illustré par Clément Devaux, Larousse, coll. « Mes petites encyclopédies Larousse ».

Boréal-Express, de Chris Van Allsburg, L'école des loisirs, coll. « Albums de l'école des loisirs ».

Boucle d'Or et les trois ours, de Dominique Demers, illustré par Joanne Ouellet, Imagine, coll. « Les contes classiques ».

Ça, c'est du hockey!, de David Bouchard, illustré par Dean Griffiths, Les 400 coups, coll. « Bande Rouge ».

Cache-cache dans les châteaux, de Jane Bingham, illustré par Dominic Groebner, Usborne, coll. « Cache-cache ».

La Cachette, de Ginette Anfousse, La courte échelle, coll. « Albums ».

Capitaine Static, d'Alain M. Bergeron, illustré par Sampar, Québec Amérique, coll. « Albums ».

Cardamome la sorcière, de Stéphane Frattini, illustré par Frédéric Pillot, Milan Jeunesse, coll. « Le coffre à histoires ».

Les Carnets de Jane Somers, de Doris Lessing, Livre de poche.

Le Catalogue des vœux, de Catherine Grive et Ronan Badel, Gallimard Jeunesse.

Ce jour-là sur la terre, de Rascal, illustré par Neil Desmet, L'école des loisirs, coll. « Pastel ».

Les Cent Plus Belles Devinettes, conception et illustration de Monika Beisner, poèmes français de Jacques Charpentreau, Gallimard Jeunesse, coll. « Albums Gallimard Jeunesse ».

C'est moi le plus fort, écrit et illustré par Mario Ramos, L'école des loisirs, coll. « Pastel ».

Le Chandail de hockey, de Roch Carrier, illustré par Sheldon Cohen, Livres Toundra.

Ce qui serait bien, écrit et illustré par Caroline Grégoire, L'école des loisirs, coll. « Pastel ».

Chansons douces chansons tendres, Henriette Major, illustré par Geneviève Côté, Normand Cousineau, Gérard Dubois, Luc Melanson, Mylène Pratt et Michel Rabagliati, Fidès, coll. « Jeunesse ».

La Chasse à l'ours, de Michael Rosen, illustré par Helen Oxenbury, Kaléidoscope.

Chien bleu, écrit et illustré par Nadja, L'école des loisirs, coll. « Albums ».

Le Chien secret de Poucet, de Dominique Demers, illustré par Steve Beshwaty, Dominique et compagnie.

La Cinquième Femme, de Henning Mankell, Seuil, coll. « Points ».

Le Clip de Cendrillon, de Dominique Demers, illustré par Christine Battuz, ERPI, coll. « Rat de Bibliothèque ».

La Colère du dragon, de Thierry Robberecht, illustré par Philippe Goossens, Mijade, coll. « Albums ».

Comment chat s'appelle ?, de Michel Luppens, illustré par Roxane Paradis, Le Raton Laveur.

Comment devenir une parfaite princesse en cinq jours, de Pierrette Dubé, illustré par Luc Melanson, Imagine.

Comment je suis devenu pirate, de Melinda Long, illustré par David Shannon, Scholastic.

Comme un poisson dans l'eau, de Philippe Coudray, Mango Jeunesse, coll. « L'ours Barnabé ».

Comment un livre vient au monde, d'Alain Serres, images de Zaü, Rue du Monde.

Les Contraires, d'Anne-Sophie Baumann, illustré par Clémentine Collinet, Nathan, coll. « Minikidi ».

Cyrano, raconté par Taï-Marc Le Thanh, d'après l'œuvre d'Edmond Rostand, illustré par Rébecca Dautremer, Gautier-Languereau.

Dans la gueule du monstre, de Colette Barbé, illustré par Jean-Luc Bénazet, Les 400 coups, coll. « Bande Rouge ».

David et le fantôme, de François Gravel, illustré par Pierre Pratt, Dominique et compagnie, coll. « Roman Rouge ».

De la petite taupe qui voulait savoir qui lui avait fait sur la tête, de Werner Holzwarth, illustré par Wolf Erlbruch, Les 400 coups, coll. « Bande Rouge ».

Délirons avec Léon, d'Annie Groovie, La courte échelle, coll. « Léon ».

Le Dernier Elfe, de Silvana de Mari, Albin Michel, coll. « Wiz ».

Les Derniers Géants, de François Place, Casterman Jeunesse, coll. « les Albums Casterman ».

Des Larmes aux rires. Les Émotions et les sentiments dans l'art, de Claire d'Harcourt, Seuil/Le Funambule.

Les Dinosaures, de professeur Génius, Québec Amérique, coll. « Mes carnets aux questions ».

Dix dodos avant l'école, de Alison McGhee, illustré par Harry Bliss, Scholastic coll. « Album illustré ».

Le Dodo, de Robert Munsch, illustré par Michael Martchenko, La courte échelle, coll. « Albums ».

Dragon de feu, de Chen Jiang Hong, L'école des loisirs, coll. « Lutin Poche ».

Dragonologie : Encyclopédie des dragons, de Dugald-A Steer, illustré par Emmanuelle Pingault, Milan Jeunesse.

Edmond et Amandine, de Christiane Duchesne, illustré par Steve Beshwaty, Dominique et compagnie.

Émilie de la Nouvelle Lune, de Lucy Maud Montgomery, Cercle du livre de France, coll. « Des deux solitudes jeunesse ».

L'Encyclopédie des cancres, des rebelles et autres génies, de Jean-Bernard Pouy, Serge Bloch et Anne Blanchard, Gallimard Jeunesse.

Ernest et Célestine chez le photographe, de Gabrielle Vincent, Casterman, coll. « Les albums Duculot ».

Et pit et pat à quatre pattes, écrit et illustré par Jeanne Ashbé, L'école des loisirs, coll. « Pastel ».

Fanny Dubois est folle de moi !, de Frieda Wishinsky, illustré par Neal Layton, Scholastic.

Frisson l'écureuil, de Mélanie Watt, Scholastic, coll. « Albums illustrés ».

Géant, tu ne me fais pas peur ! de Dominique Demers, illustré par Marisol Sarrazin, ERPI, coll. « Rat de Bibliothèque ».

Le Génie du lavabo, de Carole Tremblay, illustré par Anne Villeneuve, Dominique et compagnie, coll. « Roman Lime ».

Le Gentil Facteur ou Lettres à des gens célèbres, de Janet et Allan Ahlberg, Albin Michel Jeunesse, coll. « Mes premières histoires ».

La Grande Quête de Jacob Jobin, Tome 1 – L'Élu, de Dominique Demers, Québec Amérique, coll. « Tous Continents ».

Le Grand Livre de la couleur, de Mila Boutan, Gallimard Jeunesse, coll. « Albums Gallimard Jeunesse ».

Le Grand Livre de l'artiste en herbe, de Fiona Watt, Usborne.

Le Grand Livre des énigmes, de Fabrice Mazza, illustré par Ivan Sigg, Marabout, coll. « Loisirs – Jeux ».

Le Grand Livre des maternelles, sous la direction de Ursula Barff, Casterman, coll. « Activités – Loisirs ».

Le Grand Livre-jeu des J.O., de Jeanne Petit et Cécile Marais, illustré par Marc Pouyet, Flammarion, coll. « Les Albums du Père Castor ».

Le Grand Livre pratique de la sorcière, de Malcom Bird, Gulf Stream Junior, Hors collection.

Grand Loup & Petit Loup, de Nadine Brun-Cosme, illustré par Olivier Tallec, Flammarion, coll. « Les Albums du Père Castor ».

Les Grands Sapins ne meurent pas, de Dominique Demers, Québec Amérique, coll. « Titan ».

Gratien Gratton, prince de la Gratouille, de Dominique Demers, illustré par Fil et Julie, Dominique et compagnie.

Le Gros Monstre qui aimait trop lire, de Lili Chartrand, illustré par Rogé, Dominique et compagnie.

Grouille-toi, Nicolas!, de Gilles Tibo, illustré par Bruno Saint-Aubin, Scholastic.

Gruffalo, Julia Donaldson, illustré par Axel Scheffler, Autrement Jeunesse, coll. « Albums Jeunesse ».

Harry Potter à l'école des sorciers, de J.K. Rowling, Gallimard, coll. « Folio junior ».

Histoire de Babar le petit éléphant, de Jean de Brunhoff. Hachette Jeunesse, coll. « Babar ».

L'Histoire de Pi, de Yann Martel, XYZ.

Hou! hou! Simon!, écrit et illustré par Brigitte Marleau, Boomerang, coll. « Au cœur des différences ».

Il était une fin, de Dominique Jolin et Carole Tremblay, illustrations tirées de la série télé Toupie et Binou, Dominique et compagnie, coll. « Toupie et Binou ».

Il faut une fleur, de Gianni Rodari, illustré par Sylvia Bonanni, Rue du monde.

L'Imagier du Père Castor, de Anne Telier, Flammarion, coll. « Les Albums du Père Castor ».

Il ne faut pas habiller les animaux, de Judi Barrett, illustré par Ron Barrett, L'école des loisirs, coll. « Albums ».

Il y a un cauchemar dans mon placard, écrit et illustré par Mercer Mayer, Delarge, Gallimard Jeunesse, coll. « Folio Benjamin ».

Irniq et l'aurore boréale, de Paule Brière, illustré par Manon Gauthier, Imagine.

Je crée des livres, de Véronique Guillaume, Casterman, coll. « Activités – Loisirs ».

Je suis un loup, de Cécile Sellon, Milan Jeunesse, coll. « Trottinette ».

Je vais me sauver !, de Margaret Wise Brown, illustré par Clement Hurd, Mijade, coll. « Albums ».

Je veux une petite sœur !, de Tony Ross, Gallimard Jeunesse, coll. « Folio Benjamin ».

J'observe les poissons, de Claude Delafosse, illustré par Pierre de Hugo Gallimard Jeunesse, coll. « Mes premières découvertes ».

Juliette la rate romantique, de Carole Tremblay, illustré par Dominique Jolin, Dominique et compagnie.

Là où la mer commence, de Dominique Demers, Robert Laffont.

Les Larmes de l'assassin, d'Anne-Laure Bondoux, Bayard Jeunesse, coll. « Millézime ».

Léonardo le lionceau, de Lucie Papineau, illustré par Marisol Sarrazin, Dominique et compagnie, coll. « Les amis de Gilda ».

Léon et les superstitions, d'Annie Groovie, La courte échelle, coll. « Léon ».

Lectures, livres et bibliothèques pour les enfants, sous la direction de Claude-Anne Parmegiani avec la collaboration de Elizabeth Gardaz [et al.], Cercle de la librairie, coll. « Bibliothèques ».

Lettre à mon écrivain, collectif, Lacombe et Les communications Claire Lamarche.

Lettres d'amour de 0 à 10, de Susie Morgenstern, L'école des loisirs, coll. « Neuf ».

Lili se fait piéger sur Internet, de Dominique de Saint-Mars, illustré par Serge Bloch, Calligram.

La Littérature dès l'alphabet, ouvrage dirigé par Henriette Zoughebi, Gallimard Jeunesse, coll. « Hors série Prescription ».

Le Livre des grands contraires philosophiques, d'Oscar Brenifier, illustré par Jacques Després, Nathan.

Le Livre secret des gnomes, de Wil Huygen, illustré par Rien Poortvliet, Albin Michel.

Le Livre des trous, de Claire Didier, illustré par Roland Garrigue, Nathan, coll. « Le livre de ».

Le Long Manteau bleu, de Jeanne Willis, illustré par Susan Varley, Gallimard Jeunesse, coll. « Folio Benjamin ».

Louise Titi, de Jean-Philippe Arrou-Vignod, illustré par Soledad, Gallimard Jeunesse, coll. « Albums Gallimard Jeunesse ».

Loup noir, d'Antoine Guilloppé, Casterman, coll. « Les albums Casterman ».

Mademoiselle Zazie a-t-elle un zizi ? de Thierry Lenain, illustré par Delphine Durand, Nathan, coll. « Nathan poche 6-8 ans ».

La Main de la sorcière, de Peter Utton, L'école des loisirs, coll. « Pastel ».

Maïna, de Dominique Demers, Québec Amérique, coll. « Tous Continents ».

Maïna, Tome I – l'Appel des loups, de Dominique Demers, Québec Amérique, coll. « Titan + ».

Maïna, Tome II – Au pays de Natak, de Dominique Demers, Québec Amérique, coll. « Titan + ».

Mais où est donc Ornicar ? de Gérald Stehr, illustré par Willi Glasauer, L'école des loisirs, coll. « Lutin Poche ».

Le Maître des illusions, de Donna Tartt, Plon, coll. « Feux Croisés ».

Marcel le champion, d'Anthony Browne, Kaléidoscope.

Marie la chipie, de Dominique Demers, illustré par Philippe Béha, Québec Amérique, coll. « Bilbo jeunesse ».

Marie-Tempête, de Dominique Demers, Québec Amérique, coll. « Tous Continents ».

Max et les maximonstres, écrit et illustré par Maurice Sendak, L'école des loisirs, coll. « Album de l'école des loisirs ».

Max, le petit tracteur rouge, de Laurence Bourguignon, illustré par Dominique Maes, Mijade, coll. «Albums».

Le Merveilleux de A à Z, de Pierrette Dubé et Luc Melanson, illustré par Steve Adams, Fanny, Gabrielle Grimard, Josée Masse et Luc Melanson, Imagine.

Mimosa la mouffette, de Lucie Papineau, illustré par Marisol Sarrazin, Dominique et compagnie, coll. «Les amis de Gilda».

Les Minuscules, de Roald Dahl, illustré par Patrick Benson, Gallimard Jeunesse, coll. «Folio Cadet».

Mes poissons, de Mark Evans, Seuil, collection «Animaux familiers».

Moi c'est moi! de Peter H. Reynolds, Milan Jeunesse, Albums Hors Collection.

Moi, Dieu merci, qui vis ici, de Thierry Lenain, illustré par Oliver Balez, Albin Michel Jeunesse, coll. «Mes premières histoires».

Le Monde de Narnia, de C. S. Lewis, Gallimard.

Le Monde des grands, Dominique Demers, illustré par Philippe Germain, ERPI, coll. «Rat de Bibliothèque».

Le Mondial des records, 2009, collectif, Jaguard.

Mon papa est un géant, de Carl Norac, illustré par Ingrid Godon, Bayard Jeunesse, coll. «Albums».

Mon prof est une sorcière, d'Élaine Turgeon, illustré par Marie-Claude Favreau, Québec Amérique, coll. « Bilbo ».

Le Monstre du mercredi, de Danielle Simard, Soulières, coll. « Ma petite vache a mal aux pattes ».

Le Monstre poilu, d'Henriette Bichonnier, illustré par Pef, Gallimard Jeunesse, coll. « Folio Benjamin ».

La Morale des elfes, de Gilbert Keith Chesterton, Mille et une nuits.

Les Mots doux, de Carl Norac, illustré par Claude K. Dubois, L'école des loisirs, coll. « Pastel ».

Moun, de Rascal, illustré par Sophie, L'école des loisirs, coll. « Pastel ».

Le Musée de l'art pour les enfants, collectif, Phaidon.

Les Mystères de Harris Burdick, de Chris Van Allsburg, L'école des loisirs, coll. « Albums de l'école des loisirs ».

Le Mystérieux Chevalier sans nom, de Cornelia Funke, illustré par Kerstin Meyer, Bayard Jeunesse, coll. « Albums ».

Noémie, le secret de Madame Lumbago, de Gilles Tibo, illustré par Louise-Andrée Laliberté, Québec Amérique, coll. « Bilbo ».

Arthur : La Nouille vivante, de Gudule et Claude-K Dubois, Nathan, coll. « Mes p'tites histoires ».

La Nouvelle Maîtresse, de Dominique Demers, Québec Amérique, coll « Bilbo ».

La Nouvelle Maîtresse – Livre-disque, de Dominique Demers, illustré par Tony Ross, Québec Amérique, coll « Albums ».

Nuit d'orage, de Michèle Lemieux, Seuil jeunesse.

Octave et le cachalot, de David Chauvel, illustré par Alfred, Delcourt, coll. « Jeunesse ».

L'Œuf, collectif, illustré par René Mettler, Gallimard Jeunesse, coll. « Mes premières découvertes ».

Les Ogres, de David B., illustré par Christophe Blain, Dargaud, coll. « Poisson Pilote ».

L'Oiseau des sables, de Dominique Demers, illustré par Stéphane Poulin, Dominique et compagnie

L'Ombre du vent, de Carlos Ruiz Zafon, Grasset.

Où est Charlie? de Martin Handford, Gründ, coll. « Charlie ».

Oupilaille et le poil du dragon, de Dominique Demers, illustré par Manon Gauthier, Imagine, coll. « Mes premières histoires ».

Le Papa qui avait 10 enfants, de Bénédicte Guettier, Casterman, coll. « Les albums Casterman ».

Le Parfum, de Patrick Süskind, Le livre de poche, coll. « Littérature et Documents ».

Le Pari, de Dominique Demers, Québec Amérique, coll. « Tous Continents ».

Peurs, pleurs & petits bonheurs, de Paule Brière, illustré par Christine Battuz, Les 400 coups, coll. « Ma langue au chat ».

La Plus Belle Histoire d'amour, de Dominique Demers, illustré par Philippe Béha, Imagine.

Perline Pompette, de Dominique Demers, illustré par Marie-Claude Favreau, Dominique et compagnie, coll. « À pas de loup ».

Personne ne m'aime, de Geneviève Noël, illustré par Hervé Le Goff, Flammarion, coll. « Les Albums du Père Castor ».

Petit-Bleu et Petit-Jaune, écrit et illustré par Leo Lionni, L'école des loisirs, coll. « Lutin poche de l'école des loisirs ».

Petit Musée, images choisies par Alain Le Saux et Grégoire Solotareff, L'école des loisirs, coll. « Albums de l'école des loisirs ».

Petit Ours Brun sent tout !, de Marie Aubinais, illustré par Danièle Bour, Bayard Jeunesse.

Le Petit Prince, d'Antoine de Saint-Exupéry, Gallimard, coll. « Folio ».

La Petite Cuisine des fées, de Christine Ferber, mise en scène de Philippe Model, photographies de Bernhard Winkelmann, Chêne, coll. « Jeunesse ».

Pétunia, princesse des pets, de Dominique Demers, illustré par Catherine Lepage, Dominique et compagnie

Pierre l'Ébouriffé, de Heinrich Hoffmann, illustré par Claude Lapointe, Delarge.

Pirates à bord!, d'Anne-Sophie Baumann, illustré par R. Saillard et O. Nadel, Nathan, coll. « Kididoc ».

La Pire Journée de Papi, de Dominique Demers, illustré par Daniel Dumont, Dominique et compagnie, coll. « À pas de loup ».

Poucet le cœur en miettes, de Dominique Demers, illustré par Steve Beshwaty, Dominique et compagnie, coll. « Roman Rouge ».

Pour Noël, Damien veut un chien, de Dominique Demers, illustré par Hélène Desputeaux, Les 400 coups, coll. « Bande Rouge ».

Pour rallumer les étoiles, de Dominique Demers, Québec Amérique, coll. « Tous Continents ».

Premier de cordée, de Roger Frison-Roche, J'ai lu, coll. « Littérature ».

Prince Gringalet, de Babette Cole, Seuil, coll. « Jeunesse ».

Princesse Finemouche, de Babette Cole, Seuil, coll. « Jeunesse ».

La Princesse dans un sac, de Robert Munsch, illustré par Michael Martchenko, Scholastic. *Profession chien de garde*, de Rick Walton, illustré par Arthur Robins, Gründ.

Princesses oubliées ou inconnues, de Philippe Lechermeier, illustré par Rebecca Dautremer, Gautier-Languereau, coll. « Petits Bonheurs ».

Recettes pour épater : La Bonne Cuisine pour petits et grands, de Philippe Mollé, illustré par Philippe Béha, Fides, coll. « Beaux livres ».

Replay, de Ken Grimwood, Seuil, coll. « Points ».

La Rêveuse d'Ostende, d'Eric-Emmanuel Schmitt, Albin Michel. *Toute l'histoire du monde de la préhistoire à nos jours*, de Jean-Claude Barreau et Guillaume Bigot, Fayard.

Roméo le rat romantique, de Carole Tremblay, illustré par Dominique Jolin, Dominique et compagnie.

Savais-tu ? Les Caméléons, d'Alain M. Bergeron et Michel Quintin, illustré par Sampar, éditions Michel Quintin, coll. « Savais-tu ? ».

Le Secret de Petit Poilu, de Dominique Demers, illustré par Steve Beshwaty, Imagine.

Le Secret du courage, de Geronimo Stilton, Albin Michel Jeunesse, coll. « Déjà Grands ».

Le Seigneur des anneaux, de J. R. R. Tolkien, Pocket.

Se résoudre aux adieux, de Philippe Besson, Julliard.

Le Sixième Arrêt, d'Hélène Vachon, illustré par Yayo, Dominique et compagnie, coll. « Roman rouge ».

Soie, d'Alessandro Baricco, Albin Michel.

Le Souffle de l'harmattan, de Sylvain Trudel, Typo.

La Soupe aux cailloux, de Jon J Muth, Circonflexe, coll. « Albums ».

Le Sourire de Mona Sourisa, de Geronimo Stilton, Albin Michel Jeunesse, coll. « Déjà Grands ».

Le Sourire de Pacha, de Catherine Rayner, Gründ.

Stella reine des neiges, de Marie-Louise Gay, Hachette Jeunesse.

Sudie, de Sara Flanigan, L'école des loisirs, coll. « Medium poche ».

Ta voix dans la nuit, de Dominique Demers, Québec Amérique, coll. « Titan ».

Tous les soirs du monde, de Dominique Demers, illustré par Nicolas Debon, Imagine.

Le Trésor de l'enfance, collectif, Gallimard Jeunesse, Hors Série.

Les Trois Brigands, écrit et illustré par Tomi Ungerer, L'école des loisirs, coll. « Album de l'école des loisirs ».

Les Trois Chemins, de Lewis Trondheim, illustré par Sergio Garcia, Delcourt, coll. « Jeunesse ».

Trop… amoureux !, de Danielle Vaillancourt, illustré par Marie-Claude Favreau, Dominique et compagnie, coll. « À pas de loup ».

Trop… bavarde !, de Danielle Vaillancourt, illustré par Marie-Claude Favreau, Dominique et compagnie, coll. « À pas de loup ».

Trop… timide ! de Danielle Vaillancourt, illustré par Marie-Claude Favreau, Dominique et compagnie, coll. « À pas de loup ».

L'Ultime Alliance, de Pierre Billon, Seuil, coll. « Cadre Rouge ».

Uma la petite déesse, de Fred Bernard, illustré par François Roca, Albin Michel Jeunesse.

Une histoire sombre, très sombre, de Ruth Brown, Gallimard Jeunesse, coll. « Folio Benjamin ».

Un hiver de tourmente, de Dominique Demers, Québec Amérique, coll. « Titan ».

Un merveilleux petit rien, de Phoebe Gilman, Scholastic.

Valentine Picotée, de Dominique Demers, illustré par Philippe Béha, Québec Amérique, coll. « Bilbo ».

Les Véhicules automobiles, d'Emmanuel Chanut, Bertrand Fichou, Stephanie Janicot, Bayard Jeunesse, coll. « La petite encyclopédie Youpi des grands curieux ».

Vendredi ou la vie sauvage, de Michel Tournier, illustré par Georges Lemoine, Gallimard Jeunesse, coll. « Folio Junior ».

La Véritable Histoire du Petit Chaperon rouge, d'Agnese Baruzzi, illustré par Sandro Natalini, Albin Michel.

La Vérité sur l'affaire des trois petits cochons, de Jon Scieszka, illustré par Lane Smith, Nathan, coll. « Album Nathan ».

La vie c'est quoi ? d'Oscar Brenifier, illustré par Jérôme Ruillier, Nathan coll. « Philozenfants ».

La Vie devant soi, de Romain Gary, Gallimard, coll. « Folio ».

Vieux Thomas et la petite fée, de Dominique Demers, illustré par Stéphane Poulin, Dominique et compagnie.

Le Vilain Petit Canard, de François Gravel, illustré par Steve Beshwaty, Imagine, coll. « Les contes classiques ».

Le Zèbre, d'Alexandre Jardin, Gallimard, coll. « Folio ».

Le Zloukch, de Dominique Demers, illustré par Fanny, Les 400 coups, Hors collection…

Zzzut ! d'Alain M. Bergeron, illustré par Sampar, Soulières éditeur.

Table des matières

Marquis imprimeur inc.

Québec, Canada
2009